JN114407

信仰への覚悟

人間革命の原形

戸田城聖 著
加清 蘭 編

青娥書房

創価学会創立者　戸田城聖

信仰への覚悟　人間革命の原形

本書は、昭和45年（1970）11月15日に出版した戸田城聖『若き日の手記・獄中記』の復刻である。復刻にあたっては改題をし、さらに遺された写真をいくつか加えるなど、編集し直したことをお断わりいたします。

青娥書房編集部

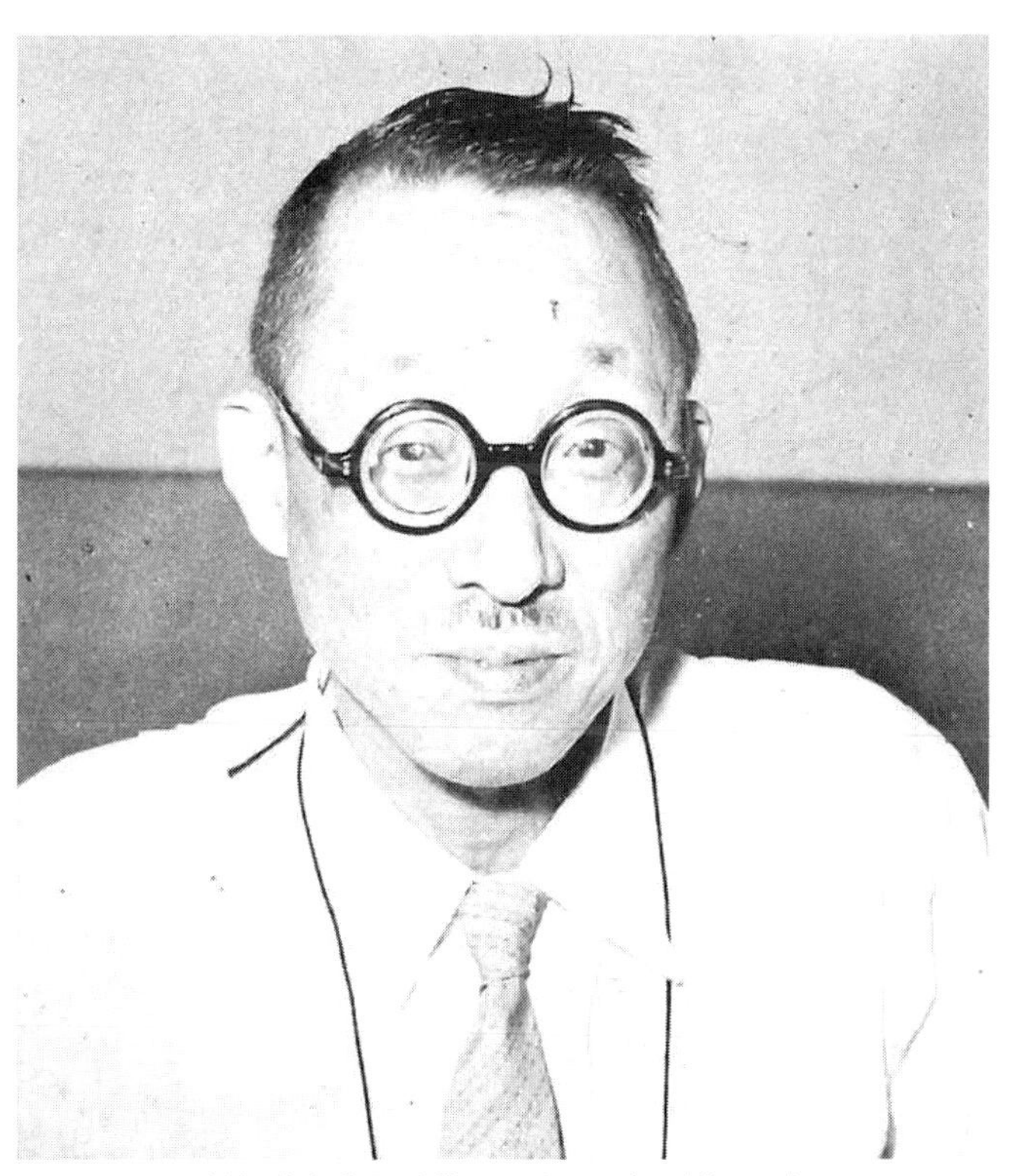

創価学会会長時代＝昭和 33 年（共同Ｐ）

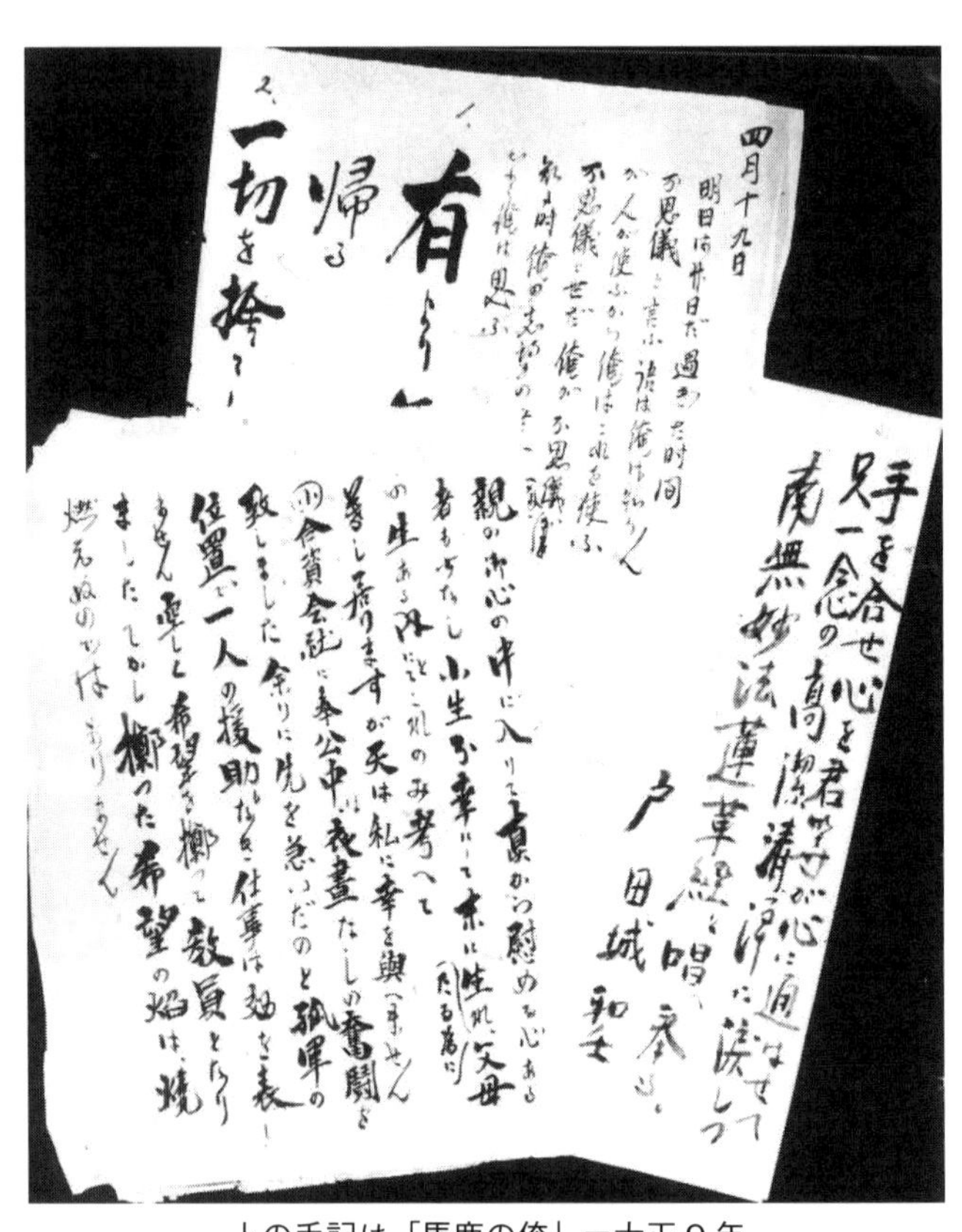

上の手記は「馬鹿の俺」＝大正９年
左下は両親あて＝大正７年
右下は獄中にて＝昭和 20 年

右から姉ツネ（24歳）、妹マサ（小学４年）
戸田城聖（高等科２年、甚一といった）、妹テル（小学６年）
＝大正２年

■小学校教員免許状（準教員）を手に。
㊥合資会社時代＝大正7年

信仰への覚悟　人間革命の原形／目次

本文なかの＊印は、編者の加清　蘭による

光明は苦悩の中に

若き日の手記（大正三年九月〜大正十一年四月）

主家を腫物のために休業。時きたった。よし、この期を逸さず浮浪の士たらんと、我れ大海に出づる。大船は、風も雨も避けるに都合もよさそうだが、大きくなったところ即ち、登ったところが船頭様よ。向こうへ、怒濤を蹴り風を操って、ついたところが船主の利さ。それよりも小舟一人の船頭たらんだ。我が腕で波浪を蹴って一点の光明求めて、いざ進まん。ああ時きたったのだ。

図南の鵬翼何の時にか
伸さん　久しく待つ
扶揺万理の風
愉快　愉快　愉快

風静かに、油を流した様な海の日、風静粛な朝、金波銀波を東に送る。詩にでもしたい様な時もありとせば、怒濤天を衝き長鯨躍るの観ある日也。今、天上へと思えば、瞬時奈落の底、浮き世ならでは見られぬ。物見て苦しんでこそ、人間と生まれた甲斐こそあれ。

浮沈これ人生。波に沈まば、また、舟がいたまば、運命もそれ限り。万一向こう岸に着くを得ば、人生の最大快楽、いな壮快事。男子の本懐。浮浪の士。浮浪の士。いざ　いざいざ。

（大正三年九月二十三日）

＊戸田城聖は、明治三十三年二月十一日に生まれ、戸籍名は戸田甚一である。三歳のとき、一家は石川県江沼郡大聖寺町（現、加賀市）から、北海道厚田郡厚田村に移り住んだ。父は漁場を持つかたわら、回漕業もやっていた。厚田村は、戸田が少年時代を過ごした故郷である。

この手記のはじめに「大正甲寅菊日　廿三日」とあるが、これは現在残っている手記のなかでたぶんいちばん古いものと思われる。当時満十五歳。戸田は厚田の尋常高等小学校の高等科を卒業すると、長兄藤蔵について海産物の買い付け、ならびに小樽の海産問屋への引き渡しなどを手伝った。彼は、特に藤蔵から商人の道のひとつとして、秤(はかり)の操作を教えこまれた。

戸田は約一年半、㊕合資会社へ就職するまで、厚田村で家業を手伝っている。

文中の主家とは、戸田の実家のことと思われる。彼は日本海の波荒い厚田の海によく小舟を出して、海の豪快さを満喫し、人生を考えた。

今自分を、厚田川の水にたとえんか。流れ出で、朝に東し、夕に西し、浮きつ沈みつして、日本海、太平洋、大西洋を流れ流れて末いかに、前途茫莫（ぼうばく）。沈んでは石と闘い、中を流れては上下の圧迫を受け、浮いては塵（ちり）を負う。ああ人生かくの如しか。しかし浮くを以って余最後の目的とせば、初めは沈み石と闘うを欲す。中間にいたりてまた一修行、浮いてまた、それぞれの一苦労、されど浮くを以って目的とす。浮かばざるべけんや、浮かんが為に、厚田川を流れ出づるなり。たとえ死すとも、水上に浮かばざるうちは成仏せざるべし。

（大正四年六月）

*厚田川は村中を流れて厚田の海に注ぐ。戸田は朝に夕にこの川をながめ、青雲の志に燃えた。

(小)とは、札幌市南一条西二丁目にある屋号、小六商店のことで、(小)合資会社が社名である。彼は大正四年七月七日に入社、大正七年四月二十一日に退社している。十六歳から十九歳までのあいだである。正確にいえば、途中で一度退社し、大正六年五月二十五日に再入社した。(小)合資会社は、化粧品、荒物の卸商である。

森田は、今朝立った。自分だって永くはあるまい。彼に遅れずにと思ったが、遂々遅れた。悪くすると今一年。だが、俺(おれ)だって男だ。共にある間は、互いに談じた。劣らず弁駁(べんばく)し合った。負けずに理屈をこねた。野郎も強情だ。性質は志の弱々しいが、また人目を知るよ、遠慮する子供らしいよ、弱い人間だね、新しい言葉で言えばね。利発だかね。野郎遂に行ってしまった。いる間は、境遇の似た故か話が合った。いなくなったら急に寂莫(せきばく)を感じる。気抜けした様な気がするよ。いいよ、離合集散これ人生、また会う時があろうな。ただ汝の成功をまつ、大いに奮わん事を祈る。

（大正五年二月二日）

同窓の友と共に
（大正４年６月厚田小学校運動会にて、前列左から２番目）

＊森田政吉（北海道石狩群当別村出身）は、㊉合資会社勤務中に知り合った友である。森田も同じく青雲の志に燃える少年であった。森田は戸田より一足先に上京、正則英語学校に入学した。札幌の地で働かなければならなかった戸田は、いろいろな意味でつらかった。大正九年、上京した戸田は、森田と苦難の青春時代を共に過ごした。時習学館（昭和五年）のときに、経営方針について意見が合わず、森田は戸田のもとを離れた。森田は小学校教員として樺太に渡り終戦を迎えた。

人生五十とかや。

されど男子として、朝に夕べに望みのなからざるものやある。必ず男子としてなかるべし。未来天下の富豪豪者、起臥（きが）立座物言う間も忘れざる。されど人生五十年、死して業いな目的のならざる、生きてならざる。

生あって、出づる軽重あり、居に高楼あり、蔵に金銀、世に名声あるの士となるもあり。ありといえども志すの初め錦衣故郷に帰るの望みなからざるものやある。

我れもあり。出づるに際し兄の骨前にひざまずきて、これ最後の面会なりや知らずと曰くまた成らずば再びまみえず。

（大正五年六月）

*戸田は大正五年二月二日、脚気のため六月五日まで休職した。兄とあるのは、四番目の兄の外吉のこと。外吉は厚田村役場の吏員で、師範学校受験をめざしていたが、十八歳で肺結核で死亡。

自分は目的なきにあらず。志なきにあらず。志を遂行するに、かかる陋居にて何事をや成すに足る。

今日学ぶ事の余りに少なる、余りに遅々なる、時間の不経済なる、学問の必要なるよ。思えば胸中が混乱するな。この三日四日あまり頭が迷宮に入るの心地す。仕事も手につかず、しかしつらつらと考慮するに、この年期奉公（十年）にて立身成すあたわず。男子

札幌の小間物屋時代の戸田城聖

たる、いな大なる人間を志すもの、すべからく学を修め後に商に志す。家にありて、よく働き、よく勉強するが最上の良策じゃが、ああ、ままならぬ。一日も早く奮闘児たらん、奮闘児となりたい。この無趣味な自己の志に添わない地を、のがれたい。

（大正五年七月八日）

*㊖合資会社では、大八車に商品を積み、得意先の小売店に届けることがおもな仕事であった。向学心に燃える少年にとって、この生活は焦燥の毎日であった。

秀吉の壮図を思う。

松下嘉兵衛の寵遇（ちょうぐう）かつ彼の位地、農夫の小せがれとしては、相当の出世。また一身の業となるにもかかわらず、彼は満足しなかった。業には忠実であったが、上を上をとの望みは棄てなかった。ますます研究を用要せんが為ならんか、遂に機を捕え尾州に走る。信長にあったは、彼の達眼か僥倖（ぎょうこう）か。しかし、人物を見抜きしは、彼の成功いたさせし一大原因なるべしか。彼は大抱負を有してか、考思して見るに、これは大抱負に勤勉忠実を加えて、天が助けたのだろう。

なんでもかんでも成功成功。


（大正五年八月）

＊戸田は読書をよくした。手あたりしだいに読書したが、当時彼のもっとも好きだったものに、村上浪六著『当世五人男』などがある。

前途の光明は遠く音もなく降りくる雪。ああその如く、我れも積まん志を。いかん……未来は。天下の商人、商業家たるの素地をば。未来は未来の念は何時も離れんよ。巍然たる崎嶇攀ずる意以って前途そのもののために今日の苦労は犠牲だ。厚田の浜で奮闘する絶大なる抱負に向かって驀進、以って功を得るのみ。

厚田へ帰った。前途洋々海の如し。今日はただ勉学あるのみ。母の病気も全癒の方面。

身は霜雪霏雨に悩まされ、心はますます磨かせて、顔は北風に吹き荒らされ、胸中は反対にいと清く、秩序たち、辛苦艱難に身はやせても、奮闘の二字に埋むる歴史はますます肥らせん。

兄様の骨前にひざまずいた。恥ずかしい、不甲斐ない甚一だ。許し給え。必ず厚田で兄様、甚一はものになって見せる。

厚田着の今日を以って奉公の終わりとするか。

憂き事の多かりし八ヵ月か。前年七月、合計一年三ヵ月の足掛け三年の社会学、前途茫莫、蠢々として一小人と化するかと思えば、これ憂きの種か。厚田でも矢張り、前途は遠い。

まず兄上様外様の志ついで、一まず勉学やせん。

万里の鵬程も、奮闘勉学以ってせば、悠々渡り得べし。

戸田桜心の名、兄様の名だ。

桜の心、潔く散る。咲く時は全盛の名を専らにし、散る時は古武士的に立派に、軍人ならんには喜ぶか、未来商人の戸田甚一、ふさわしくない。以って今日より戸田桜桃と改むべし。

桜の如く咲き桃の如く実を結ぶ。

三日見ぬまに咲く桜だとて、決して三日のうちに用意ができて咲くのではない。前年の冬、雪をしのいで咲くのだ。あたら散ってたまるか、桃の如く実を結ばずして。

（大正六年二月二十二日）

＊二月二十二日、母の病気を口実に、㊀合資会社を休業し、故郷厚田へ帰った戸田は、桜桃と改名した。桜の花の好きな彼は、その後、桜心とも改名した。文中兄様とあるのは、兄の外吉のこと。外吉は秀才の名が高く、戸田はとくに尊敬していた。

㊀会社を離れたるは即ち桜桃の精神が新年を迎えたるなり。トソやカルタにふけるの年が正月か。精神上、年と共に月と共に新たなるこそ年を迎うと言い、心に一新生命を加え

たるを以って新年迎えたりと言う。馬齢のみを加え、年とったと言ったと言うは、凡俗の言と新渡戸先生は言われたが、実際だな。

自分は心に一新、生命を加えた日だ。立って前途の為に振るうべく、千仭（せんじん）の谷も千山方岳の嶮峻（けんしゅん）も何ぞこの桜桃が踏破すべく蹶然（けつぜん）立った日だ。これ即ち新年迎年初頭の感とかや言わなん。

（大正六年二月二十四日）

＊戸田がこの手記を書いたときは、すでに、㊫合資会社をやめる決心をしていた。その後、退社しているが、ふたたび同年五月二十五日に入社している。

三月初旬、他日翱翔（こうしょう）すべきおれだぞ。

三月二十三日九時過ぎ、二畳の室に二分心燈下でペン走らす。

夜はふけてくる。静寂な域を通り越して凄寂（せいじゃく）な域だ。神秘的な感がする。河水はとうとうと嚙む岸の音、どうどうどうと響く波の音、シケだな。実に静かだ、この辺は。たまま気になるは、河立ちばかり。中村恒男校長宅から帰った自分は静かに黙想にふけった。

七ヵ月の奉公、目的も趣味もなく血を枯らして働いた。あと八ヵ月前途もない。青春の血おどり輝くの少壮時代を無為に過ごした。ああ、帰郷の今日、校長を訪うた。商人の学に志すを、いましめられたるお言葉、迂遠の策を難じた。

去年、三ツ橋君見て感じた心を、ありのまま語った。先生は辯駁した。商に志せ、自分も未来は商人たるは言をまたない事だから。お言葉、左様合点、しかして、家庭の事情、男の意気地、志半途にまげましょうや。落ちる先は、商でも、進路は学でと思った。尋准だけはとりましょう。

ああ、前途は動かぬが、進路は二本。先生は教員になるの不可を論じて止まぬ。しかり、小生も知れり。しかし今日の事情いかんせん。鰊後まで待ち給え、二本の道一本をとる。しかして今は、尋准をとるために兄様の志を継いでここに世の中を退き、静かに他日翱翔すべき素養を作る身に成れる日を期して、ここに改名す。


（大正六年三月）

＊ひとまず、㊉合資会社を退社し、厚田村で今後の人生について大いに悩んでいる時期である。実家の経済状態も、もっとも窮迫していたころと思われる。

夜はふけてくる。静かと言うを通り過ぎ、寂莫たるの感がある。先程校長中村恒男先生のところより帰ったのだ。過ぎし方、つらつら考えれば、去年、無意識とかや言わん、前途に光明もなく趣味もなく、奉公の必要も大したる事感じるでもなく過ごしたる七ヵ月後、利益とて多くも無く、ああ他に光明あるにあらねども、奉公に出づるにいやなりし去年も、矢張り出でたる、いやなるところに。思ったより得るところが多かったと感じたのは九月であった、大正五年の。しかし男子、前途に光明みとめて。

（大正六年三月二十三日）

＊厚田の海は波が荒い。海鳴りの音を聞きながら、戸田は薄暗い二分心のランプの下で、ひ

とり思索にふけった。

十八日を期して七寸のワラジに身をのせて運命の開拓に出かけんとす。小樽に出でて、戸田桜桃の運命の開拓をし、成らんずば東京へ。村上才太郎君より餞別（せんべつ）をいただく。御礼申す。

兄上様の骨前にひざまずきお別れ。

兄上様決して帰りませんよ。前途確定せぬうちか、または不成功のうちは。骨となるか成功するか二つに一つで帰ります。生命を賭して兄様よ。

（大正六年五月十六日）

＊小樽には三番目の兄の藤吉が、山口家へ養子に行っていた。当時、小樽は海産物の集散地であり、漁村の厚田とは縁が深く、戸田の知人、友人も多かったと思われる。

天日は、うららかに照っている。

厚田を出達すべく本日、開拓の運命。

いずこにある男子の意気地……。

山口福次、山口重吉、山口ハル、久保寅吉の四氏より餞別をもらったあり。なお功ならずんば厚田に帰らずの念を深くした。

画策なきにあらず小樽行。

昼、石狩㊎岩崎源七様より意見をちょうだいした。

自分の意見を述べ有難く意見の程ちょうだいした。自分の心の奥のあるものと合した。

自己の目的は確定した。よし、身を殺しても工商を以って一家を起こし、未来は北海の……ウムよし。

死しても自己の目的を達せずば……

男子志を立て成らざるは天命のいたすところとの言を吐くものは、人事を尽くして天命を待ちしものの言。人事を尽くし天命にしたがい以って敗れるともいかんせん。しかし男子の志を立つる、敗るをもくろんで事をやなさんや。余輩もしかり。死ぬまで、死ぬまで自己前途のためにたたかわん。よし、これより小樽に。

（大正六年五月十八日）

＊㊀合資会社をやめ、厚田に帰った戸田は、今度は小樽に出て働こうと決心する。かたい決心で小樽行きを決行するのだが、結局は、ふたたび札幌の㊀合資会社に入社することになる。

㊀合資会社に入社と決せり。

若旦那（わかだんな）いわく、五年年期後は三百ないし四百円……。戸田甚一、三百や四百の金で奉公するなら厚田におったがましだ。五年間内に優に中学卒業程度の学問しながらもうけて見せる。なぜ五年無代価で、自分の身体を貸せ預けろと言うてくれなかったろう。自分の、自分を未だ知らぬのか。しかし自分のねがいに任せ、無代価で俺の身体を預かると言うてくれたのがありがたいのだ。

確かに五年後一文にならぬとも、兄様即ち若旦那が、今日確かに甚一貴様の身体を預かったとの一言が欲しい。そして五年後、一文も頂かなくてもよい。不入用だ、金なんて。甚一そのものを五年間中に知ってくれれば。そのかわりそのかわり、死を決して奉公する。五年だけ甚一、身体を預けた。確かに預けた。金なんて、かためて、くれてもくれんでもよい。五年間だけ不自由がなければよいのだ。

㊓合資会社の財産は五年間自分の財産だ。よし二十八日ころまでに行こう。

何、死を誓って奉公するぞ。

心定めたまま
（大正六年五月二十五日）

＊心ならずもふたたび㊓合資会社へ入社することになるが、入社した以上は、生命をかけて働いてみせると断言している。「㊓合資会社の財産は五年間自分の財産だ。」というあたり、彼の面目、躍如たるものがある。

思い出したまま　守るべき事

世に養い難きは女子と小人とかや。
小人の機嫌とるべし、機嫌とらすべからず。
婦女子の機嫌とるべからず。
機嫌とらすべし。

かたく守るべき事

若き身は殊につつしめ皆人の
踏み迷うらん恋の山路

かたく避くべき事

正直以って自己の身を保つべし。

必ず実行すべき事

艱難（かんなん）汝を玉にすとかや、苦及び難儀は辞すべからず。

実行すべき事

事を成す、ことごとく天地の公道なるべし。
他人と談話中、人物の洞察に努むべし。
男子の言を愧(は)ずべからず。

実行すべき事

天地に誓って

（大正六年五月二十六日）

大正六年六月十六日、札幌神社祭典につき半日の閑を得、ここに劈頭(へきとう)第一筆を下す。森田に対するの感及び彼の性質、未来を筆に染めて永遠に森田に対する好記念とせん。書かんとしたが店務に妨げられ、遂書かれなかった。

ここに同年盂蘭盆(うらぼん)の休日を利用して書す。豊平の別荘において。

病気の為に退いた都門も全快しては、僻地(へきち)にあるべからざるを兄に余儀なくされ、再び出馬した。前途に予算あるでなく、光明あるでなくして会社に入った。会社に入るやまた無意識に、また無意識に働き、尊き日を消費しつつあった。

　時たまたま自分の都門を退くのころ入店せし当別産の一青年いな一少年があったが、また前途に予算なく光明なし。

　名は森田政吉とか言い、政坊々々と自分は呼んだ……。しかしながら二人とも、光明見出すなく、予算また立て得ざるも、一生蓬藁（ほうこう）の元に長くあるを喜ぶ程意気地無しでもなかった。幕末志士及び古今英傑の士の回天の事業の跡を喜び慕うた。これが互いに同一意のところ、またまた双方男でござい、天下の青衿士でございと言うた語が、また連鎖となって、離れ難く、それを標準に議論して辯駁し合った事が親密の度を加える第一歩で、忘れ難い同棲時代の記憶であろう。不平を漏らし合い、前途を語り合い、揚げ足を取り合い、理屈をこね合った仲は、ますます親密を加えた。

　心身の状態、自分のはどうつったか知らぬが、自分に写った彼の特徴は、負けずぎらいだ。（これを白分は大変好いた）

　事々物々、この性を遺憾なく発揮した。犬糞（いぬくそ）的の事にまでだから、自分に小人野郎と呼ばれたのも無理ない。

記憶力は凡庸以上と認めた。文才また可なりと。浅学な小生だ、誤りかは知らぬ右の様
認めた。
商人として一生の計を立てたところが、自分の十分の一の働きなし得るやいなや。帳場
番頭としてならいざしらず。しかしあたら他方面に生かさば相当の地位得べき身の一生冷
や飯食いとする哀れさよ。
七月初旬。
増田も社会に打って出たとてハガキがきた。
無事屏息（へいそく）
厚田出奔（しゅっぽん）
但し逃走
おもしろいやれ、めめしく故山の土を踏むなかれ。万難を排せ増田よ。
文才と記憶力を利用して意志強固に前途にプランを定め躍進せば、回天の事業は難くと
も、人間一人前食うだけは難事に当たらざるべし。どういたしても生かさんと思い懐んで
いたりしに、彼も現在所の到底志伸ばすべからざるを知りてか、また次々に自分の、彼の

精神の生くる様計ったおかげで生きた精神の発露か知らぬ、遂に二月立った、父母の元へと。――小人と罵倒(ばとう)した事もあった。小才士と評した覚えもある。……しかし今は真に生きた天下の青衿士らしい、が彼は意志が弱い。社会の俗事にしろ、時たま負くる。己れの心には必ず負くるだろう。修養すべき第一と思っておるところで、心配の第一だ。

不平児だ、あたかも徳富蘆花の寄生木の篠原良平の様な人間だと思った。万々事の性質がせし、まして熱しては奮闘児と化し、冷やしては不平の児となるの言にいたっては、事実しかり左様と言わざるを得ん。

不平なるべき事を打破して春風駘蕩(たいとう)の和景を呈す。即ち円満の解決をつくるまで精神の修養がないのが心配の第二である。

ささいの事に焦慮する、気にする、不平の原因だ。前途大なるものの為に現在の俗事を捨てる事ができない様だ。これが心配の第三である。彼には満腔(まんこう)の同情を人一倍寄する。前途も人一倍嘱目(しょくもく)する。心配も人一倍する。しかして彼を知る、また人一倍だろう……。

彼は我が妻である。

（大正六年八月十七日）

＊多感な少年時代の友情が読みとれる手記である。

前途のプランは確かに定まった。未来は必ずとも、天下の豪者いな富豪として社会を闊歩せん。経路ももくろめり。

北海道の地の利を善用いな活用して可なるべき業は製造業なるべし。北海道の製造業は刮目以ってするに天下を相手どる事難事ならざると己れの目に映ず。工場を北海道にし、売りさばき先を世界に求めん。さればこそ、無一物の自己としては、真実の腕これ資本なり。

五年の年期奉公有意義に過ごさん。三十まで修養時代となし、地盤の選定その内とあれば、戦闘の準備期とも申すべし。呆然、今日を過ごして可なりや。以後四十まで、土を破って地上に出でんとする種子の如し。苦闘奮闘苦戦天下刮目せよ。

出面取、豆腐屋、八百屋、いずれも前後に関連あり、自然に逆わねば可なるべし。四十より目的に着手すべきも以前たりとも敢えてさしさわりなしといえども、そはちと難事たるべしと察せられる。戦闘準備なり。開始せば死を賭して健闘し、天下に獅々吼せよ。前途に獅々吼せん。あに、我れとて天下の男子、成さざらん事あるべけんや。ねがわくば今日の意気天を衝くの豪気消滅せざらん事を祈る。

（大正六年八月十七日）


男子志を立て郷関を出づ。

独腕二本、運命の開拓、あにいかんして人後に落ちんや。未来は天下の豪商として天下的事業をなす計画、また胸三寸に収めおり。社会に出たる限り故なくしていかんしてこの度こそ故山の陰を見るべきや、踏むべきや。功なくして志ならずしていかんして厚田の水を飲むべきや。

予算あり、計画あり。ただ自己の奮闘をここに望むのみ。

九月二十五日、北辰病院に入院して、ここに記す。

（大正六年九月二十五日）

＊ふたたび㋛合資会社に勤めた戸田にふりかかった試練は、発病である。おそらく結核性副睾丸炎と思われる病気になり、札幌市の北辰病院に入院した。きちょうめんな戸田は、入院費、その他のメモを残している。

第一回北辰病院入院メモ

入院援助金内訳

父様　二拾円
藤吉様（二番目の兄）　拾五円
藤蔵様（長兄）　拾円
ツネ様（長姉）　五円

母様　　　　　　　　拾三円六拾銭
〆　　　　　　　　六拾三円六拾銭
　入院経費内訳
五円　　　写真二組外雑費
　　　　　母様、㊛屋見舞い
六円　　　入院料
三円　　　看護婦、付添婆二人ずつへの心づけ
拾円　　　手術料
二円　　　母様、生田様土産及び藤川様ミルク一個
三円　　　母様、小生二人小使い
六円　　　入院料
六円　　　入院料
拾八円七拾銭　母二人との小使い雑費
拾七円　　入院料（二日分）

〆　七拾六円七拾銭

お見舞いくだされし人

宮川様、宮村要次郎様、藤川様、太田様、有田末松様、小六主人夫婦様、木谷勇蔵母子様、神野様、生田様、山口姉上様、アキ姉上様（手紙）

男子志を立つ、あに軽々として捨つべけんや。

捨てずと思えばこそこの行に出でしなり。我が輩の主義こそは前途の目的の為には万事を、あらゆるものを犠牲にすと言うにあり。今日の行や、兄弟中その者を犠牲にせり。諸人に対する余の苦痛を犠牲にせり。この犠牲故功を収め得とは断言すべからず。成不成は第二とす。ただこの犠牲に対して代償を得ざるべからず。代償は即ち前途に向かって数歩の邁進なり。邁進これ奮闘の語の体現によって得らるるのみなれば、今後代価得んと欲せば修養においてまた相当の覚悟ぞいるらん。即ち積極的に消極的に戸田そのものを捨てざる限りはこれを許して邁進すべきなり。前途の光明に近く近くと進むべきなり。されども、天与の利とも称すべきは、これ意中より取り去るべし。さるを意として何事をやなすべき。捨ててこそ男なり。

自己は、二木の腕二本の足、これが、天下唯一の資本たるを忘るべからず。卑劣こそあるべからず。

男たる以上、心して事に当たり、この腕あり、この頭ありと確信もって、事のならざる事やあるべき。

前途は遠し、油断なく進むべきなり。

万木蕭々（しょうしょう）の秋と思えば今宵の雨もひとしおしんみりと感ずる。病院内は寂として静まり、莫として声なし。ただ溝に落ちる雨のみ何かの暗示を我が身に与うる様忙しく音をたてる。天高く肥え雨野草の端にささやく。人生最も寂蓼とかの秋、ただ薬くさき病院に朝夕二十余の起伏をせり。初めここに治療をうけんとするや己れはまずかくかくごせり。死と言う事なくとも、睾丸を抜かるにおいては向上心失せて社会に先頭を争う男や意気阻喪（そそう）せざるか否かと……。

されどここにいたれば意気や軒昂、今日の犠牲に供せし代価により以上の大なるを得んとの野心や生ぜり。志のところまた強固これを遂げんとするの意志またともないて生ず。ああ愉快なるかな、おれもまた一個の男子、志を達せずしていかでたおるべき。されどそは荒涼の語よ、人として死せざるものやあるべき。ただ志を達せざる間にたおるより、万難を排して奮闘し天命と叫びてやたおれん。

雨しとしとの声ききつつ、白きベッドに腰うちかけて、ビスケットかじり尽くさんとして鉛筆の走れるまま草稿せるを、十二日夜十一時四十五分に、ここに浄筆す。

（大正六年十月十二日）

＊北辰病院の一室で、戸田は未来についての強烈な抱負に燃えた。退院は十月二十四日午後二時、その足で㊫合資会社へ行き、すぐに勤務についた。十一月五日、病後の回復がすすまず休暇をもらい、小樽の親類で厄介になる。

病をいやさんと欲せば、これに対する金策尽きたるをいかにせん。尽きたるにあらず、厚顔児と化したるを、義理を知れるを、我が苦しみを人にわくるのつらきをいかにせん。かかる時こそ口ずさまん。

苦策つき便所の前に腕くみて
　屁ひりにけり夕されの町

（大正六年十一月十日）

＊病後は快調でなく、再入院の話もでていたと思われる。会社は休職中、入院費やその他について大いに苦しんだ。実家はけっして金にこまることはないのだが、はやくから独立の精神の強かった彼は、親にたよることをいさぎよしとしなかった。

戸田身弱きにあらずと自信はあれども、いかにせん、こうしてたおれしを。天我れに力を貸さざるが故か、我れに天力を貸す未だ早く、かくして精神を労さしめ、大命をまっとうせしむる意、この度の病故また悟りし事も少なからず。覚悟以って臍(ほぞ)を固めし事どももなしとせず。しかし物質的において、精神的において、十八歳の今日、五十余日にして十九歳なる我が身なるに病となりてよく兄らの世話、親らの心配、迷惑これにしてなお男子と号し、天下に志あり、必ずや成して遂げんと言う。天未だ戸田甚一に独身万事を処理する期早きを天のいつくしみに授けたれば、自然やむを得ずと言えばそれまでなれども、意気地なしと言えばまた意気地なしなり。十八歳未だ一人前ならず。思えば背に汗の流るるを覚え、ひとり顔に熱気の出づるを感ず。

現在をパンを得る道を知るに費やす。パンを得る事を知り、志のあるところに着目し、パンを得つつ志のあるところに進む。かくなれば自己一個人の目算なり。幾分の人情を解せば、自然自己の目算の外さぬ限り、義理を戸田一家に尽くさざるべからず。後見人いな助太刀(すけだち)人としての義務をになわざるべからず。

未来に抱負あり義務ある身の、現在に病あらばいかにせん。未来に病を生ぜば、またいかにせん。未来の病を起こるを今より何してか杞憂(きゆう)せん。ただ現在の宿病いやさんとして計画し目算通り行ない得たるも天我れをいつくしみてか二度の手間を要すを戸田の不運とや言うべき。母に強く話さんか心配せん。前に心配させ、またこれ以上の心配なさしむは、人間いな子として最大の不孝と、我れは知る。兄に話して厚顔児と化し事を行なわんか（金天より降るにあらずと言う、金言なるかな、むべなり。兄等汗水流して、また脳髄（のうずい）絞りて得し宝、ああ二度の無心、ああ厚顔なり二度の我が苦しみ。未だ頼まねども）、我が身の苦しみやまた何物にたとうらん。苦しみ多し、病後の現在。

（大正六年十一月十二日）

＊再度の入院について戸田は、大いに苦しんだ。両親に何度も金を出してもらうことがひどく苦痛で、また恥ずべきことと思っているからだ。

慢性睾丸炎とは関場不二彦先生の診断。抜かねばならぬとのこと。また二年から三年かかるが、治薬でなおせるかも知れぬとの事なれば、小生は服薬二、三年の後なおらねば手術を受くべく覚悟をきめて、服薬してみる事にした。しかしこれでなおらねば敗残の身だ。何としよう。奉公なんて気長の事を言うておられるか。直ちにどの方面でも金もうけにいきたい、行こう――目算あるにあらず。しかしちゃんとして立つなら一個の地盤を要するに、その地盤をこの奉公中に得るなるが、右にせんか左にせんか迷い、ここにいたる三日前の事が、今ここではわからぬ。運天にあり。只桜心兄様の指揮に任せん。何とぞ兄様よろしき様お計らいあれかし。

（大正六年十一月十三日）

＊服薬するか、手術するか。手術が必要なことはわかっているが、経費のことを思ってあきらめようとした。兄様とは長兄、藤蔵。

仙場病院長、自分の病気はまあ二ヵ月との事。江別へ昨日四時九分の汽車にて出発、苦心の結果、父様の舟を見つけて一安心。ああ戸田生まれて初めて親の子に対する慈愛心の深きを知り、ただ涙の滂沱たるのみ。

ああ父様の厚くお言葉下されし時のうれしさ、五十円の金を出してくれると言うて下さった時のうれしさ。父上様、甚一終生忘去つかまつらず。ただし、これを断わって㊥より出金してもらう事として、金五円也ちょうだいして帰った。ただし一日舟に宿泊して父様の御有様に心で泣き、朝、父様篠律出達の跡では自分ながら不覚の涙にしばらく顔を上げ得なかった……。直ちに㊥へ出頭、六十円程金子借用申し込み、十五円当座拝借。ああ、もう身を売り、名を捨てたるを観念した。なさけないかな。早速仙場病院へ入院。父様よりちょうだいの金子五円を叔父様へ二円の返済、太田へ金子三円江別行き旅費返済、嚢中余す二円いくら。ただこれ人生との観念を以って入院した。

（大正六年十一月十七日）

＊仙場病院へ入院。入院費を無心しに父を尋ねて行く。父甚七は、回漕業（石狩町から江別まで）もしていたので、苦心して石狩川へ父の舟をさがしに行く。父は快く五十円の金を出してくれるというのだが、彼はこれを断わり、勤務先小六商店から六十円借用して入院費に

あてる。大正七年一月二十四日退院。

母様は小樽より昨日来た。小使い文無しに自分はなっておる。太田清作殿へ三円拝借と出掛けて聞き届け下され帰るや、停車場通り㊪岩崎旅館に滞在の日本哲名学館札幌臨時出張員（小倉鉄鳳先生）の意見により戸田甚一改め戸田晴通とす。

ああ、願望生まれれば、甚一——桜心——桜桃——晴通。一種精神的慰安可否と真剣なり。改名料、鑑定料として三円。またの嚢中無一物となる。

厚田の兄様より小使い二円ちょうだい。

一円五十銭　看護婦殿三人へ母様みやげ。

人生は、ただ人生なり。言わざるべからず。

戸田晴通の運命、またいかなる方面にて展進か、またまた挫折か。ただ天命、天命。

（大正六年十一月二十日）

＊戸田の戸籍名は甚一。彼は何度か改名している。桜心、桜桃、晴通、城外、城聖など。無一文のところへ三円を借用し、その三円をもって改名鑑定料を支払い、また無一文となるところなどは、もっとも彼らしいところである。

十一月二十二日、本日午後生田様を訪うた。何故か男を捨てされど幸捨てさりても男子と生まれて一時たりとも、たとえ母人の意を案ずるとは言え、依頼心を起こせしこそ恥ずかし。独立独歩を志せるもの——ああ汝に何の意ありて彼の人を頼れる。他人にあらずや、自己以外の人にあらずや。いかに汝に親切なりとは言え、いかに情に富むとは言え。しかし我れには言うまでもなく親切なり。情に富めり。深謝するに何か躊躇せん。深謝の意たるや、我れにまた充分にあり。あらざるべからずして可なりや、あるべきは当然の事なり。されど聞けよ、脳裡に秘めて戸田晴通よ。

十八歳の弱輩なにをかなすと。ああこれ彼の人一人の言たらず、父の言たり、兄の言たり、社会一般の人々が言たり。十八歳の弱輩、前途も志望もへったくそもあるものかと。

ああもっとものいいたり。この嘲語、十八歳白面少年、社会これを入れざるは知る。成す事面倒なるも知る。知らざるにあらず。少年時代の理想志望を終生の志望理想たるものにあらず。しかしてまた行ない得べきにあらず、資本の世の中資本なくして何をかなす。もっともなり。

この主義の語、我れまたこの語に何をか言うべき。されどここにしばらく言うを許せ。今日の少年たり、しかして志あらば時代の趨勢(すうせい)とともに理想も進まん。言わずとも少年時代の理想また成年の理想たらざる言をまたず。前途もまた時勢に適応すべく計るはこれもっともなれば、志望の変更またむべならざるなり。されど十八歳の弱輩云々たるや資本の云々たるや。

ああ社会たるや、青年の志伸ぶるところにして少年の志述ぶるところにあらざるか、されど戸田晴通の数語をきかれよ。当年政界の立場とし闘将とし教育者として青年指導者として名声嘖々(さくさく)たる尾崎行雄氏を見よ、十八歳にして新潟新聞の主筆たりしにあらずや。

支那一流の聖人孔子は十五にして学に志せしより十五歳を以って志学と言うとかや。我れしかるに十八歳にあらずや。回顧五十年、明治維新時を見よ、当年の志士中小壮これ少なからず、しかして大義を論じ志を述べ、たれか生意気と言いしその人々によりて日本の運命を開拓せられしにあらずや。

しかるに時代を過ぎぬ、人間を要せねばいかんせん、生意気とか言ういかんせん。しかし時代人を要せぬにあらず、要しながらこれを知らざるをいかんせん、着目せざるをいかんせん。幸か不幸か戸田晴通この時代に生をうく。刮目注視せば時代既に商工にあり。志のところ商に置くともたれか不可を言う。されど言う人ありとせば時勢そのものを解せぬなり。

梧桐の桐は散り易く少年老い易し、少年時代志を立てずして何時にか志を立つるや。笑うは不可なり。遂行と否とは別問題なり。志を立て志を伸述す、しかして不可言うものあらばまたこれも時勢を解せぬなり。見よ、今日高位置の人おそらく小壮に時代を知り時代に擁せられて立ち、奮闘以ってこの位置を得、位置学によりし。されど今日学問の要求時代を去りぬ。実業界にその人を待つ。あに我れ立たざるして得べけんや。

時代はこれを口せば嘲罵（ちょうば）す。しかして生意気と言い、早しと言う（事実早きか、事実生意気か——）。時代を解せぬ社会に何をか言う。口を慎んで、体に行なわん。体現以って世に言わん。未来になす事ありて後しこうして我れまた語らん。今日我れの刮目に写れる時勢、違えるかいなか、志し、かつ口にして悪しきかいなか、時を待ってまた語らん。

大日本国は我れを待つなり。国家の材たらずして可なるべきや。

ああ我が身、何か生田様一同の厚意めぐみ厚き御心をうれしと言うか、悲しと言うか。一介の貧乏小僧を遇して一個の人間とす。厚意また謝するに余りあり。ましてお母様の厚意、顔で笑って心で泣かんか、心で笑って顔で泣かんか、真実あふれしお言葉、報恩以って何んとなす。お言葉ある度に、大将の意見がある度に（言葉が上下を違えども）、自分をいつくしみ下さると思えば心に沁むる諸々を集めてはただうれしと言うより外もなし。一介の小僧何してかく遇す。情に富める人故に異郷に苦しむ。

木の葉の如き身を憫れと思召しなされしか、あなうれし秋風落莫たる心中に春風駘蕩たるを得し心地こそすれ、ああ厚志心肝に徹せり、志立てず業成さずして何の時に報恩にいたらん。笑わば笑え、何のその未だ早しといえど前途を口にし体現す。あに勝るところあらんや。今十年を刮目して待たれかし。戸田晴通も男とならん時やあらん。幾年幾百里たとえ生死幽明隔つとも、いかで厚意を忘れんや、忘れて可なるべきや。人なりせば恩義に報いずしてまた可なるべきや。男の子なりせばああ時を得なん期を待たなん。

　思恩思孝正道

孝を懐(おも)わずして玉を抱き難し

恩を想(おも)わずして人となり難し

天地に向かって愧(は)じざるものは正道を歩みしものなり

父母の喜ぶはうれしき事なり

恩を報ゆる心掛けは、人間として世話するものないしは人間として当然持つべき性情なり

正道を歩むものには空隙なし

（大正六年十一月二十二日）

＊晴通と改名してまもないときの手記である。美濃紙二枚に筆字で丹念にしたためられている。生田とあるのは、㊧合資会社の得意先で、札幌市北八条東三丁目で小間物屋（雑貨商）を営む母娘である。加代とはその娘。戸田は品物を大八車に積んでその店へとどけているうち、

母娘と親しくなった。

生田のお母さんより見舞いとして金子二円ちょうだいす。深謝す。金を喜ばず心を喜べ。男と生まれて前途に志のところあり。人を頼って何をかなす。人を頼って恥をかかんより嘲罵をうけんより以後必ずともに人を頼らんより苦しき時におのれの肉を食え。兄弟とて頼るべからず、頼るに足らざるなり。まして他人においてをや。己れの肉を食い破って後死せよ、滅多に死するものにあらざるなり。

（大正六年十一月二十三日）

戸田晴通

改名にあたり、ともにここに一言を呈す、なんて洒落（しゃ）れてな……。しかし男子として生を社会にうく、未来必ずなさん事あり、未来前途に志望あらん。今日より自己のとるべき修養法、志望を達するに要する手段はただ独立独歩にあるのみ。人を頼らず、人を頼るべからず。苦しきときは己れの肉を食って生きるべしだ。以後決して人を頼らず独立独歩だ。死んでもよい。自己の肉を食い尽くして死ぬるなら何か言わん。天上天下唯我独尊主義。

（大正六年十一月二十四日）

姉様のところより懇切なるお手紙を戴く。ああ姉なるかな。即ち僕の返信のいかん。姉や兄の世話に以後ならぬ。まして他人においてをや。手紙も以後出さぬかも知れぬ。僕を仙人と思ってくれ。

姉さんに遇いたいのは山々だ。なんで一人の姉と縁を切りたいものか。しかし姉さんに、僕の事を心配させたくないし、人の世話にならないと言うのは僕の主義だ。僕は遇いたい姉さんに手紙を出さぬ。いな姉や兄と遇いたい。

大いに今日の卸は見込みがある。小さく一部からやって行けば、何恐れる程の事がない。必ず自分の志望、商業をもって天下を料理するなんてことは何でもない。大いにもくろんでいる事があるんだ。

別れの悲しみ、他日取り返して笑うべく奮闘するのみだ。なにくそ。


（大正六年十二月十一日）

＊姉とは長姉のツネ。多感でデリケートな青年だった戸田は、愛情をおそれた。愛する、愛されることは、たとえ肉親でも拒否したかった。成功のために、志のために。これは手紙ではなく、手帳に日記風に書かれてある。

父上様より二十五円請求に任せて送付して下された。大いに謝す。その代わりこれが最後だ。戸田一家に迷惑を掛けぬ。最後だ。

大正七年度よりは、大いに感ずるところを行なうのみだ。大いに自重して未来遠くの方我れ望むべし。いよいよ大人の仲間に入りたし。

今日よりは稚魚となりてや海の辺を

ようやく卵より小魚となったばかり、大いに奮うぞ。奮うぞ。

（大正六年十二月三十一日）

＊仙場病院で大みそかを過ごす。

大正七年度の新春はここに明けた。

㊇合資会社で年を越す事数年、希望は動脈に満てる鮮血に充満し、前途遥かの道程を見返れば意気軒昂（けんこう）、心臓の高鳴るのを覚えて病軀（びょうく）を思わず。はや一日も早く癒（なお）して自己前途の為に、日本帝国の為に、東洋の為に、大いに奮うべき土台の作製に腐心すべきなり。

西郷南州閣下　袁世凱閣下　雨宮敬次郎翁

三方に自己は大日本帝国の為、大日本国の為は東洋の保安の為なれば、自己の志をばなさしめ給えとねがうたり。

戸田晴通　二十歳

大いに奮うべく覚悟した。

本年は国家を忘れず、しこうして独立独歩たるべし。

（大正七年一月一日）

自分も男と生まれて社会に出て、大いに国家の為、東洋の為に、奮うべき身だと思っている。

国家の為、東洋の為に、己れの家を興さずばならない身だ。

ただ前途あって今日無きがあたりまえだ。しかるに現在は残念なるかな、無念なるかな、婦女子と言う観念が自分の身いな頭にある。残念だ。恋でないぞ。ただ加代さんの親切が気になるのだ。気にせぬが偉かろうか知らねども、未だこの方面うとい身には気になって仕様がない。

しかし自分も天下に心身を磨いて世界的人物ならざるべからざる身だ。よし捨てるぞ、捨てずして可なるべきか邪念を。女がなんだ、戸田晴通は男である。捨てる、捨てる、捨てる、思うまい。汝、天下の男子たるべきを知れ。

（大正七年一月九日）

＊たぶん、戸田にとって加代さんとは、初恋らしき感情をもった女性と思われる。女性のために前途をあやまってはいけないと、自らを律することにきびしい。

この二十日が退院すべき日だ。戸田晴通は何時まで弱き身の人間ではない。心身ともに強かるべきはずだ。

前途に大を積まねばならぬ人間だ。それを、この病軀と思っては一日もこうして寝ていられぬ。しかし自分の病気は遠からず全快すると思っているから何も気にしていない。心身を強くして「大いにやる」。身も永くとも二月中には元来の体軀以上を得るだろう、心もだ。天に誓って強く店務以外だ。自己の修養はもちろん、知識の吸収は言うに及ばず、人との交際間における呼吸、ありとあらゆるもの、戸田晴通を生かす限りのものはこれを食して、未来ある前途に進むべきである。

彼女の一家に対して受けし恩義に酬ゆる一部として誠心幸あれかしと計るべきの外、恋その外の事は必ず持つべからず。彼女が自分の理想たるやいなやにかかわらず、自分は未だその事には五年ないし十年早い。

彼女の親切及び厚意がどのへんにあるかを知らず、自己に対しての行動が自己が大いに感謝せざるべからざるを知る。しかしその故に自分は、その親切に対して礼の心が恋そのものに変化するには、おしむらくは未だ六年以上年が不足だ。自分も大なる責任のある身だし、未だ学もならぬ十九歳の鼻たらしだ。生意気だし、そのような精神では成功も問題だ。

大いに考慮すべき点だ。考慮したあげくが、断然この事を脳中より去る。そして彼の一家に対して清く受けし恩義に対して報ゆる。ただし五年後か十年後か三十年後か知らぬが今の自分にそれだけの覚悟が充分ある。今はただ一念、戸田晴通を作るにありと。前途は遼遠(りょうえん)、かく解したら大いに覚悟して進むべきである。心中を腹蔵なく書す。

(大正七年一月十六日)

本日、仙場病院を退院す。往時茫々か。願望すれば、四ヵ月百十余日の病院生活。病、ここに癒えしかと思えば、また、快感の起こるを感ず。

ここに誓う。天地、兄上に。

男子として自己の、職責に忠、勉学また熱心、前途また失わず。万事に懸命たるべきこと。

天地の正道を踏むべし。

ねがう、ために身体を、自己の志をなし遂げる暁まで、大強壮たらしめよ。しかして、志すは、決して自己一身の為ならず、東洋の為、帝国の為、または、青年の養成にあるなり。

（大正七年一月二十四日）

＊退院を期して誓いをたてた。美濃紙に毛筆で黒々と書き、印鑑まで捺印してある。

自分は人間として男として社会に出でた以上は、女性に対して特別の感情を抱くことを許されよ。加代さんに対してである。自分としては、今日は女如きを思うの秋（とき）ではない。ただ今は、主人大切に自己の天職を思うて進むのみだ。

女……加代さん……。神野君の話が多分偽りにしてもまた事実でも全部偽りたるに関せず、自分は捨てた、立派に捨てた。

五尺有余の男子正に前途を誤らんとす。女如きの力を藉（か）るべきや。加代さんだってだ。捨てたぞ。天下戸田の腕たるは五尺有余の体軀に漲（みなぎ）る意気か。天下事なす、ただ意気あるのみだ。戸田の責任は重い、大いに重い。女を思うの秋ではなく、思想のまたその精神状態及び性質において、また我が理想にあらざる女を、我れは何故かくも神野君の言によりて心を左右されるのか。

捨てろ、まだ早い。彼女がまた汝の理想にあらざるにあらずや。しかし、生田さんのお母さんに対しての好意を一生忘れるなよ。
お母さんには必ず恩を報いよ、戸田晴通よ。
万事兄上様に任す。

（大正七年二月二十日）

＊これも手紙風の手記。あて名は外吉となっている。

自分は人である。愛を知らぬわけはない。自分は男である。恋を知らぬわけはない。しかして月給取りの身であれば、浮き世を知らぬわけはまたない。天下の青衿士を以って任ずる身でもあれば、前途を考えぬわけではない。自分は人間らしく愛もあれば恋もある。浮き世もあれば前途も未来もあるつもりだ。しかし自己の現在はそんなのんきな時代であろうか。いやいや、恋は捨て、顧るな。愛も情もまた何かせん。いや浮き世も屁(へ)の河童(かっぱ)と暮らさねばならん時代なのだ。

ただ前途未来の為と暮らさねばならん時代なのだ。だから、一番奮躍奮進せねばならん時代なのである。

こう思う時、僕の頭には、恋も愛も浮き世もない、前途未来の大計で一杯になるのである。もとより自分天下の男子であるから、恋も愛も浮き世も大したものではないが、豪傑英達の士もとより涙なしとせぬ。子供の無邪気な愛らしさに遇うては、心冷たき人の子、鬼の子と化し去る事はとてもできない。

（大正七年三月）

自分を今日つらつら思うた。自分も男子として生を日本国にうけた国民、日本の国民として大日本国の前途、東洋の前途を案ずる。案ずるとともに事業を天下になして東洋及び日本国の為に西郷翁、伊藤翁の如く、いな、第二の大西郷たり、博文公たりとして、国家の為に尽くさんと、人には語らず、胸中に抱懐しておるが、かく大人たらんとするに、北海道が修業の場所なり、奮健の場所たらんか、いな北海道は辺地なり。伊達政宗を見よ、武田信玄、上杉謙信公を見よ、いな観思せよ。あたら英雄辺地にありしばかりに、一は仙台が埋木（うもれぎ）となり、一は信山の陰が土となり、一は北越の雪と消ゆ。

それ一つに地の利にある。我れ志を抱く、これ世界的たらんとす。しかるに北海道、世界相手たらんには辺地なり。よろしく座を阪神とすべし。阪神の地これ商工の中心、支那に近く、南洋の通路またあり、天下の形勢に通ぜん。またよし支那の雲風以って見るべし、以って乗ずべし。治国の日本、乱国の支那、前途多忙多望の東洋、我れ未だ若し。大いに学び以って東洋の中堅たらん、東洋以って背負わん。今ここに一年半、以ってただ学ぶにあり、前途なさん事多し。

また奮うべきかな。

屍（しかばね）をよしや他山にさらすとも

恥を知れるの男子たるべし

（大正七年三月十八日）

自分は大阪へ行かれなくなった。それは生田様に、是非援助を与えなければならぬ様になったからだ。自分は生田様に、非常に世話になっている。報恩せねばならぬ。報恩すべき時節当来、報恩すべき時節に報恩せずして、畜生となりたくない。

自分も男だし、義侠心がある。国忠侠桜桃と言う名に対しても、人様の難儀や悪い事を見過ごしたくない。戸田晴通は報恩せねばならず、国忠侠桜桃は人の弱さを援（たす）けねば。万難を排して援助の約束をしてしまった。直ちにその足を以って(小)より病気を申し立てて閑（ひま）をとり、小樽へ飛び、その足で厚田へ帰って最後の別離を人知れずして札幌へ帰った。

さあ、今後は、生田様の家を興さずば、男が立たぬ。

（大正七年四月二十一日）

＊生田家の実家は、小樽にあったと思われる。その実家が事業に失敗し、戸田は報恩のために再興を決心する。しかし、はっきりはしないが、周囲の事情により、なし得なかったようだ。このころ、何度も小樽に足を運んでいる。

これから他の畑を開かねばならぬ、よき実をとらねばならん。自重一番兄上様のご意見にしたがいて自分の身の続く限り奮闘し、生田の家を興さねばならん。何とぞ兄上様よ、時代のくるまで、身の壮健なる様にして下され。三十三歳までは身を清く保ち、その代わりに壮健の身と自己の責任とを果たさしめ給え。晴通ここに願い上げます。

兄上様

（大正七年四月二十一日）

＊兄上とは長兄、藤蔵。戸田はこの四月三十一日付けをもって、㊇合資会社を退社している。彼はその後、夕張に住む長姉のもとをたずね、当地の石狩炭鉱株式会社若鍋第二坑販売所の事務員として約一か月間勤務、その後すぐ真谷地小学校の代用教員となった。

成功せんと欲せば
大いに働くにあり
朝六時ないし七時より夜十時まで
休むべからず
主人の時間なり
成功せし人にして
仕事に怠慢せしものなし
約束守るべし

まだ寒き朝の一里や初桜

葱多きから汁あさる余寒哉

（大正七年四月）

初日の出海も小さく思へけり

恋といふ字も覚えたりや歌かるた

（大正七年四月）

＊紫色の、横長の手帳は、当時のものとしてはたいへんにぜいたくなものである。その手帳には、たくさんの俳句や歌が書きつけられてあった。

ふるさとの山に名残りはあらねども
父母の慈けに後をぞ見る

（大正七年四月）

ただ自重一番我れ要す。

世界の大乱に続いて来る東洋の運命、充分の用意をたれがなす。我々今日の少年また相当の覚悟なかるべからず。

北海道においては充分の思考あるべし。

北海道は前途有望なり。

しかし商権なり政権なりを世界に争うには、土地が小さいし、また北により過ぎている。戸田よ、戦国時代をみよ。伊達政宗、辺地におりしばかりに事業がおくれしにあらずや。上杉謙信、武田信玄を見よ。偉才あわれや、一は空しく信山の陰が土となり、一は北越の雪とともに消ゆ。それ一つに地の利を占めざるによる。我れ、志を伸ばさんとす。辺土にあっていかんせん。辺地であるまいか。

中央、中央、我が事業を起こす前に見るべきの地は大阪か神戸ではあるまいか。

支那の風雲以って見るべし、以って乗ずべし。治国の日本、乱国の支郡、前途有望の、いな自重を要するの東洋、我れ未だ若し。若き今日大いに学ぶ、機会を待ちて中央に出でん。

中央に出でて乗るべき風雲を観て、これに乗じ、正に男子の成すべき事業をやなさん。

北海道辺地なり。

大巧は拙きが如し　　老子

自分は今日つらつら思うた。

自分も男子とし、かつは大日本国の国民として、東洋の前途を案じて事業を天下に成さんとする者だが、我が身を育つべき地が北海道かいなかだ。この事に思い及んだのは今より数十日前だが、今もまだつらつら考えるのだ。

北海道は未開だ。しかしてまた前途有望と言われるが、前途有望の地が必ずしも天下的事業の源本地ではあるまい。むしろ商権、政権の中央が腕を磨くのみにあらず。中央を維持する源本地として腕をこの方面に伸ばしてこそ可なるべき。世界を相手とせんとするもの北海道を相手にせよ。

（大正七年四月）

夕張の姉を訪う。

兄、姉の親切親身なればこそありがたし。自分は姉さんに対してそのご恩は一生忘れない。

五月五日、帰札す。金子五円、借用。

返済の期はまず当分あるまい。

帰途を篠津にて、森田と会見し、腹蔵なく半日余会談す。わが行動を彼は非常に止めた。何の理か。また是か非かほとんど不明。心を定めてただ決行するのみ。

勝てば官軍　敗くれば賊軍
相手が語るに足るの人かいなか、いや語るに足らぬ人たりともお母さんに対する恩義だもの、志を一時まげても心をきめて行くさ。何、当たって砕けろだ。

本人が共に語るの人物ではない、これと言う自分に利益が認められるではない。しかし自分も退くとも退かれぬ。土台自分はお母さんに対する恩義上の成り行きで利益いかんではない。しかし、本人が余りに語るに足らぬには自分も面食らっている。自分は一時志をまげて、三年なり五年なり死を決して闘い、男子の名を愧(は)ずかしめぬつもりだが、ああ、本人の余りに小なるよ、余りに語るに足らざるよ。思えば、先が案じられる。ああ森田の語にしたがわんか、男いな義がたたぬ。これにせんか自己が立たぬ。ねがわくば借用の金子を返済しておきたい。しかも一歩また進んで考うれば、生田様に一身代興してあげたい。右せんか左せんか、男子の腹腸(はらわた)ここに九回す。何、心を定め、志を一時まげて、時としては一生まがるかも知れんが、身を賽(さい)の目にまかして美幌に行く。

（大正七年五月三日）

＊東京で英語学校の促成科を卒業した森田は、北海道に帰ってきていた。生田家への恩義に報いるために、戸田は没落した生田家へ身を埋めるべきか、志のままに動くかを大いに悩んだのではないかと思われる。

戸田晴通を　戸田雅晧　に改名す。

この改名に対して二度三度改むるなれば、人は言わん、朝三暮四と。しかしこれも万やむをえない。

前途の為、現在の為、やむをえない。

ただ　戸田雅晧　をして、天下の男子と前途の大とをなさしめ給え。

（大正七年五月三日）

顧みれば本年元日、誓いも無にした。しかしあやまちとは言え、いや弁解の用なし。今後は一人の男子として、過去は言わず、戸田雅晧、今後一生を通じて男子で過ごさん。生田さんに対して彼の人達が自己に尽くしたは、已れの慾心あるいはある志望よりとは言え、いったん男としてかえすと言うた上は、初めの通り五年後ないし十年の後には返さん。自分も男として必ず返済せん。

また中藤に対しては、自己戸田雅晧を尽くして男子一匹の仕事して後、野郎めに一言を呈せん。

（大正七年六月四日）

ああ、目さめたり。今日只今、心中に幾分の考えありてなせし生田加代子の情を、博愛の心となし空しく恩を受けしとは、万事今日手違いを生ずる本なりしなり。ああ愚なりし戸田雅晧、今目さめたれば、今後は必ずともに人の情にからまれて慈みは必ずともにうけぬべし。

過去を言わずただ先なり。必ずとも人の慈みと恵みを受けざるべし。人の厚意には我れに対する欲求あるなり。また戸田も天下の男子として、最後の目的は印度と支那にあるを知れ。世界の中心いな世界三分の計は東洋を中心として成る。

東洋、東洋に生まれ東洋を守り日本国の隆盛を計るは、これ日本人戸田雅晧とし勤むべき仕事なり。身体の強健計りて心を天下に述べん。何恐るる程の事やある。戸田雅晧、汝生ある限り意とせよ。

支那と印度の救護と、東洋永遠の平和と、日本をかくして安全なる地盤上に置くべき事を。

（大正七年六月八日）

＊大正七年六月三日、石狩炭鉱株式会社若鍋第二坑販売所（夕張）の事務員となる。

自分は山へ行く、成りゆきを天にまかして行く。

しかし、これは是であろうか。自分は国家に対してより以上の責任がある。自分が国家有用の人間たらんとせば、決して行くべきでない。

しかし男がいったん行くと覚悟し、行くと定めておきながら今変更なるものか。しかしだ、ここに変更せざるべからざる一事がある。自分も男泣きに泣いた、この三晩は。ちょうど三日前だ、夜も十二時過ぎだ。

生田氏曰くだ。

この戸田が十九歳やそこいらで、人の家の事を容喙（ようかい）するのは生意気だ。その倒壊しかけた、落ち目になった人の家を興してくれるなんて真に親切すぎる（ああ、あたかも野心あるが如く言いなさる）。人の家に容喙するとは生意気だ、そんな親切な人はいない。

生田の実家でそう言われたことは忘れられない。土産（みやげ）の葡萄酒までも悪意でとられた。己が志を賭して、興してやるべき家と思っていたのに……。去年、生田の親爺（おやじ）が何と言った。思い起こせば涙がでる。

生まれ落ちると金で責められてきた野郎には、真の男子の腹はわかるまい。戸田が金で心を左右していると思われてもなさけない。

戸田は、戸田その人を知らぬ人には使われる事はできない。無理に後を追うて行く必要もない。戸田は戸田で旗上げして目に物見せてやる。戸田が男になって物言わん。何々何事やある。


村上の兄さんより、生田へ返済として、八十五円。藤川へ返済として、五円。計九十円借用す。

借財にいじめらるる戸田かな。十三日の日より戸田は夕張の人間となる。世は夢のまた夢とはたれの句や。我が身の流転変化また見るべし。また愉快な事ならずや。


（大正七年六月十二日）

＊純粋な青年は生田家再興のために、小樽の生田家の実家へ乗り込んで行こうとしたのではないかと思われるが、おとなたちの心ない言葉に傷つく。生田家から借りていた金の額は不明だが、このいざこざで、彼は長姉の夫から八十五円を借りて返済し、いっさいを解決し、身をひいた。

永々と無沙汰致しました。

御兄上様、御姉上様、仲一殿いかがご消光（しょうこう）あそばされおりますか。風の朝、雪の夕、さんざんなる我等兄弟の身の上。この数ある子等持たれてご心痛絶え間なき御父、母御の身追想して深く深く案じおります。兄様数ある兄弟八名。上は四十幾つより下は十四までのこの八名の兄弟中一人として父、母御の御胸を案じ奉る者もなく、老い先永からぬご両親の御心の中に入りて真から慰める心ある者も少なし。小生不幸にして末に生まれたる為に父母の生あるうちにとて、これのみ考えて暮らしおりますが、天は私に幸を与えません。
㊕合資会社に奉公中は、夜昼なしの奮闘をいたしました。余りに先を急いだのと孤軍の位置で一人の援助もなき仕事は功を奏しません。空しく希望を擲(なげう)って教員となりました。しかし擲った希望の炎は、焼け燃えぬのではありません。

（大正七年七月初旬）

＊石狩炭鉱を約ひと月でやめて、六月三十日、夕張郡登川村真谷地の真谷地小学校の代用教員となった。

顧みれば、販売所の事務員三谷氏の懇切と己れの好きこのみとにより真谷地の小学校教員となってここに一ヵ月、八月の休暇、岩見沢の講習をうけんとす。尋正をうけんとする今日、前途は多忙、仕事は山をなす。兄上様代理の仕事の一歩として尋正を蹴る。ねがう兄上様、援助を与えられん事を。兄上様の御心なりし親孝行の為進んでこれまた愚生の志望を遂ぐるの段階、普通文官及び本科正教員の一部を我が手に入れさせ給え。ここに二年ないし三年のうちに再び出でん樽札の地に。大いに驥足（きそく）を伸ばさん為に戸田一家の為に戸田雅皓、前途一身を印度及び満州の土を浴びてまた一ヵ所にて死なんが為の準備の為に出でなん。

正に真谷地を岩見沢にたたんとして一筆紙に載す。

（大正七年七月三十日）

八月中は夢の様に過ぎた。九月三日、一日でも戸田一生涯の一日だ。奮わん奮わん、世界の一員、巨人の一人になる為に奮わん。現在は実際平和だ。大変に平和だ。自分は幸福だと思わねばならない。人だ、希望は絶えない。目的目標は近くに遠くにある幸福だ。た

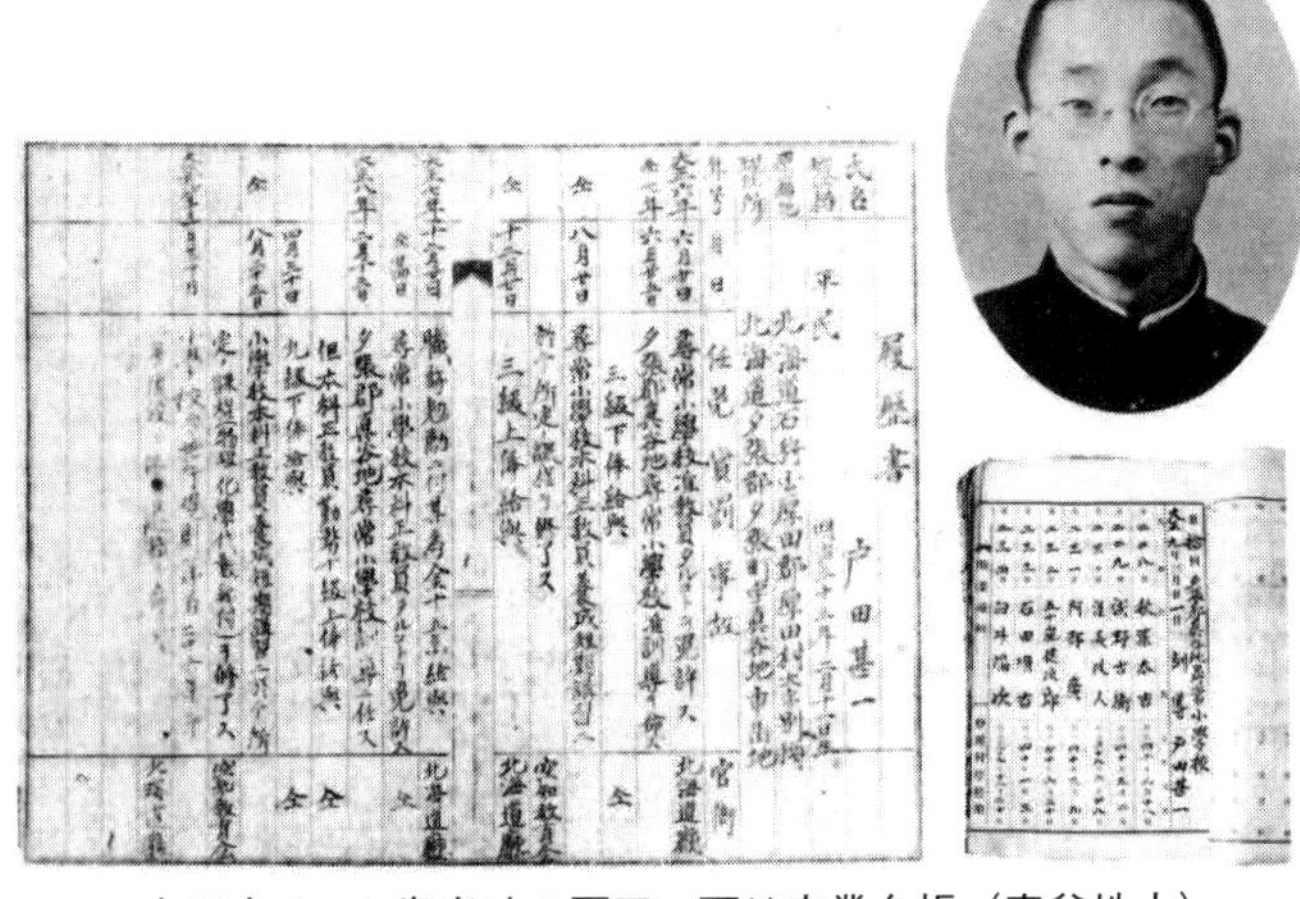
履歴書
戸田甚一

右円内は 19 歳当時の戸田、下は卒業台帳（真谷地小）
左は大正 9 年当時の履歴書

だ静かに時代をまたん。ねがわくば父母様、身命ともに永からん事を。

（大正七年九月三日）

＊真谷地小学校に就職して約二か月。心境は静かで平和であった。

心の清き程世にうるわしきはなし。心清ければ楽しみ多く、安らかに眠り得るなり。

大正七年十一月十三日、時計は正に午後の八時を報じ、後はただ四囲寂としてタクタクと時計の時をきざむ音のみ喧（かしま）しい。夕張郡真谷地小学校の午後八時は実に静寂だ。人里離れておるし小使が不在だから、自分以外には人気は更にない。

この時静かに自分は我が身を思う。自分は今年は十九だ。顧望すれば㊤合資会社の奉公時代、その店内における勉学時代、放縦時代、計略（偽り）時代、奮闘時代、これを深く考えて味わえば、二、三年中に社会の万事を手にせし如き感じがする。しかしてここ一、

真谷地尋常小学校の同僚と（前列右）

二年をあんずるに自分は前途々々と焦った時代、前途に大なるものをもくろんだ時代、そのもくろんだ事を実現すべく焦った時代と、かつ実現すべく未だ万事に早く、手を焼かしめて兄上様がこれを自分に悟らして下された現在とにわけることができる。しかしてその現在はいかにや。

詳細に省みれば、実に修養もせぬ見下げ果てた凡俗漢だ。修養すべく奮闘するべき時代と知りながら行なわぬ凡漢だ。かかることにしていかでか前途の大を得られましょうや。そんなら自分は、大なる仕事をばなし得ぬ人間か、いや自分も人間だ、彼西郷もカーネギーも人間だ。しからば自分も自己を満足せしむることはよもできぬ事はあるまいと思う。ただそれだけの報酬代価を支払って得んのみだ。その代価や何か。自己の欠点を補うて進むのだ。人たる道に心掛けてるのだ。

しかし翻(ひるがえ)って自分をみれば、自分は彼等より劣等の点些少(さしょう)とせず、また普通人よりすぐれた点も自分にはなくして、かつ日常潔白でない。その欠点とするのところも甚だ多い。多弁だし怠惰だし不信実だし身体が弱いし意志が薄弱だ。偽善家だし、うそを言うし、悪事をする。実に見下げ果てた人間だ。

（大正七年十一月）

正月がきたとて正月の様な心持ちはせん。戸田も一月一日に、校長より十二月二十四日付けの正教員免許状を渡された。一に兄上様のおかげである。今年も誓うた。兄上様に外吉兄さんより、南州閣下、先帝陛下。僕は国家の為に一生奮闘したい。大いに奮闘する。何とぞよろしく導き下されとお願いした。校長の家に招かれて大変馳走になった。八年度の年を祝して飲んだ、生まれて初めて飲んだ。大いに飲んで少しも酔わない、愉快であった。今年豪たり、英たり、俊たることができるだろう。ただ国家的観念のもとに正義を踏んで進むのみだ。

大正八年の歴史は奮闘をもって飾らん。一月元旦。

（大正八年一月一日）

＊大正七年十二月二十四日付けで、正教員となる。

■夕張・真谷地小学校教員時代。教室にて。＝大正７年

奮闘をもって飾るべく誓いし八年度の歴史は汚点と化した。兄上様に対して申し訳ない、許され給え。

兄上様、九年度八月よりの奮闘を以って許させ給え。しこうして志の為、社会の為、高等学校へ入らしめ給え。高等学校入学試験受験資格を得さしめ給え。戸田城外は生まれ代わった心で兄上様、奮闘です。何とぞ、この微意諒(りょう)されて、君国の為、兄上様意志果たす一部として得さしめ給え、一高入学試験受験資格を。

（大正八年一月三日）

＊高等学校入学試験の受験資格を得るべく、戸田は日夜、勉学に励んだ。

恩人の為、満身の厚意を捧げて身の人格不足の故に、大事まさにいたらんとするきざしあり。

つつしむべきは口なり、軽率に友として友にあらざる者を待遇して恩人に迷惑及ぶ。吾人心中九回す。

我れ場合により教職を去るべし、職を止めて郷里に帰るか。

……渋谷へ行くか。


（大正八年）

＊静かな真谷地の生活のなかで、彼はしだいに煩悶（はんもん）を重ねていく。このまま、この地にとどまることは、大望を果たさずして人生を終わることになるからだ。

出京ここに一月一月の光陰は人生。

五十年に比すれば短少なれども、その精神的変化においては過去二十年も遠くこれに及ばざるなりし、深思せよ。

我れは男子なり、生は日本帝国にうく……男子として日本帝国に生をうけし自己の責任やいかん。

責任し大任を授かるべく心身を練らざるべからず。大任を果たすべく心身を磨かざるべからず。即ち国家の材、世界の指導者としての大任を授かるべく練り、果たすべく磨かざるべからず。小なる我が身その質たるやいかん。知らず我れには奮闘あるのみ。一切を捨てて修養あるのみ。

今日の人のそしり、笑い、眼中になし。最後の目的を達せんのみ。ただ信仰の力に生きんと心掛けんのみ。

修養

勉学せしか
父母の幸福を祈りしか
世界民族日本民族の我れなりと思い、小なる自己の欲望を抑(おさ)えしか
大度量たりしか

時間を空費せざりしか
誠なりしか
過去の悪事はわびよ。許されん。力とするは神あるのみと知れるか。

（大正九年四月一日）

＊約二年間、真谷地小学校にいた戸田は、大正九年三月、小学校教員をやめ、希望に満ちて東京に出た。苦学することが目的だった。東京では、早稲田鶴巻町に下宿した。

明日は二十日だ。過ぎた時間。不思議と言う語は俺は知らん。
が、人が使うから俺はこれを使う。不思議の世だ。俺が不思議な世を知る時、俺の志望は達せられる時だと俺は思う。
有より無に帰る
一切を捨てて有を得、有を捨て無に帰らん

悪と善と区別できる時、俺の初めて笑う時だ

（大正九年四月十九日）

＊これは「馬鹿の俺」第一号と墨字で書かれた、封書の中に秘められていたものである。

愛妹ナツ子心尽くしの文と、ひじ付きを送付せり。感謝の念、胸中にあふるるの思いあり。

ねがう。幸福に暮らしてくれ。戸田は、万事を捨てた。汝が思う如く成功もせず名誉も得ぬかも知れぬ。汝等の愛着も捨ててあるが如く、功も誉れも捨ててある。大臣も大将も私の欲するところでない。要は犠牲の一あるのみ。お前も幸福に、変な希望を起こさずに暮らして下さい。東京で祈る。

愛着のきづなは何かいけにえの

玉となる身の今のうれしさ

暮らせかし千代も八千代も松の色
　変わらぬ顔と我れは祈るそ

（大正九年四月二十四日）

＊これも「馬鹿の俺」第二号の中のものである。ひとりの女性との清冽（せいれつ）な別れがしのばれる。

よしや
書を読んで斃（たお）るとも男子は
薄志弱行不義の為には斃れず。
　大正十年立志決行の秋　　博方

（大正十年）

*博方とは戸田の改名。これは美濃紙二枚の大きさの紙に、墨字で心をこめて書いてある。たぶん、自室の壁にはって、日夜、決心をかためたものと思われる。

大正十年八月三十一日、天長節の佳節に当たりて静かに過去数か年を回顧して筆を取る。真谷地の三か年、うち足掛け二年即ち十九及び二十歳の三か年の大部分は、意義ある年なりし事よ。今日の戸田の正に少年時代とも言うべし。

向上と言い研究と言い申し分なく、吾人の心中一点はずるなく勇敢に奮闘せり。しかして二十一歳の年の戸田の遺憾さよ。恋にもつれ、恋に狂いて、最も神聖なる教職を汚す。戸田は神掛けて慙愧(ざんき)に耐えざるなり。対者の悪しきにあらざるなり。戸田の卑怯(ひきょう)、不徳義心、意気なき結果と言うべし。ああ馬鹿者戸田よ、汝は馬鹿なり狂人なり偽り者なり。この声、我れのみ我れをせむるにあらざるなり。神もせむ、人もせむるなり。

戸田はひざまずきて神よ許されよと叫ぶなり。しかして心より詫(わ)ぶるなり。

我れはその苦しみに泣きぬ。社会の為、国、国土、同胞の為に捨つべき命、貴重なる時間即ち生命の一瞬を彼等に捧げ費やせしことの遺憾さよ。

我れは三月断然立ちぬ。彼等を捨てて立ちぬ。しかし、この罪を消さんにこそ、一人の立派な男子となり、社会の為に一命捨ててこそと覚悟して帝都に出でぬ。

我れの帝都に出でて後は、吾人の前途、なお遠くして、一層の奮闘努力をなお要すると体覚せり。

我れ彼に大なる報酬をあたえ得ると確信するが故なり。しかして彼女は、間もなく己れの心を慰むべく、恋せられし男と契りしときく。我れは心中より彼等を賀せり。しかして彼等の前途の幸福を心より祈れり。今後一生涯、彼等の幸福を祈るものと思いおるなり。

我れの恋せる女はその後我れと清く交わる事を諾して交わりつつありしが、その後おとずれも一月一月と薄く、彼の前途また案ずるの境遇に落ち入りしときく。ああ幸福なれよ、我れは汝にもし不幸を与えおるならば、ねがうまで、我れは汝を救うべし。ねがう、健かなれ、幸福なれ。

己れが神に犯せる罪、教職を汚せる罪は消えやらず。ただ今日教職にあるを幸いとして

上京の際、塩釜の善作兄の家族と

大いに奮闘、この罪の幾分を償わんとす。ねがう、神よ照覧あれ。

帝都の二十一歳の我れは、兄弟として、塩釜の兄を除くの外は、存分の真心なし、真心あるとも運び難きは是非なき人生よ。

我れは自ら生きざるべからざる立場にあり。我れを救いしは、牧口常三郎先生なり。我れに絶大の意気を与えたるは木下乙市先生なり。

両先生に深く感謝するなり。人生の春を味わうに青年以って任じ、二十一歳の夢……。悪夢を掃(はら)って真男子となりて、君国または人類の為に、一生捧ぐる人生。戸田の人生を開きしは、一に両先生のたまものにして、塩釜の兄の大なる後援あればなり。我れは奮うべし。我れ一念、神の御心に似んを願うて奮うべし。

高等学校入学資格試験、専門学校入学資格試験、ひいて一高入学を、今日一歩の試み、志として奮うなり。人生なんぞ、吾人は男子なり。ただ奮闘の代価にて、もし以上の三つを与え得べくんば、神よ我れに与えよ、我れは神よ奮闘すなり。九月一日を期して戸田は奮闘す。八月三十一日、書物に版して決心をかたくして奮わんとす。神よ、我れを許して、我れに男子の働きをなさしめよ。我れを社会人類の為に殺せよ。

（大正十年八月三十一日）

＊真谷地では、恋愛問題もあった。長身で好青年だった戸田は、複数の女性に好意を寄せられ、そのなかで苦しみ、その結末をつける意味でも真谷地を去った。

牧口常三郎は、戸田の母と知り合いであった。大正九年に上京した戸田は、牧口をたずね、牧口の世話で、当時牧口が学校長だった東京市西町尋常小学校の訓導になり、牧口が東京市三笠尋常小学校長となって転任すると、彼もまた三笠小学校に移った。

大正十一年二月二十三日、神ハ罪ノ一部ヲ許サレテ我レニ、高検ヲ与エ給ウ。タダ有難ク感謝スル。

我レ生マレテ二十三歳ニシテ真ノ恋ヲ知ル。理知ノ上ニ立チ、感情ト闘イ、シカシテ、コノ恋、心中ニ横タワル。

吾人ノ運命ハ三月ト四月トニアリ。コノ恋イカナル変化ヲナスカ。マタ、予測ナシ難キトコロ、シカシテ一高ト慶応トノ受験ニヨリテ、前途ノ一段ヲツケテ、直チニ感得セル使命ノ為ニ奮ワントス。

兄上様ヨ、コノ恋、使命ノ為ニ妨ゲナクンバヨシ、使命ノ為ニ妨ゲアルナラバ、一時ナキモノトシテ、吾人ヲ奮闘セシメ給エ。人生ノ事、高言ニヨル能ワズ。タダ、兄上様ノ命ニヨリテコトヲナサンノミ。私ハ私ノ尽クシ得ル限リヲ尽クスベケレバ、兄上様ヨロシク、私ヲシテ、導キ給エ。真男子トシテ神ノメグミヲ受ケ得ル男トシテ、兄上様ヨ、真ノ男トナサシメ給エ。夜七時半。

兄上様　私ヲシテ得サシメ給エ　一高入学ノ栄ヲ。

人生ノ変転ハ知ラズ。嗚呼(ああ)、私ハコレノミ深ク兄上様ニ祈ルナリ。

燈下床ヲノベテ過去三四年、以前ノ思想ニ遇ウ。感慨無量、コノ感ヲ書セントシテ書スアタワズ。

（大正十一年二月二十三日）

＊戸田はこの年、高検の試験を通っている。
真ノ恋ヲ知ル。とあるが、これは戸田の最初の夫人つた子である。彼はその後結婚、一女をもうけるが、その子（安代）は幼児のとき死亡。つた子夫人も結核で死亡。


二年の月日は永いわけでない。日数とすれば約八百日。回顧すれば、その間は、僕にとっては物質的に精神的に向上した月日と言わねばならない。

ほとんど行きづまった真谷地の教員時代から、東京の荒波の中へ、だれ一人知る者なき時代に飛び込んだのだ。意気があったからだと言うより外に道はない。まるで無謀にちかいものと批評もできる。暗黒時代もあった。日夜想いに沈んだ日もあった。計画は頽れる、戦いは破れる。川瀬君と二人手と手とを取って泣いたこともある。

塩釜へ相談にいったが、何一つ得るなくして帰った。もだえた、苦しんだ、頼った。結局得たるものはなんだろう。苦悶……失望である。しかし僕の身体の中からは意気の火は消えなかった……そして最後に僕の運命を開いた大なる力は自分であった。
行きづまる、もだえる、変転する。㊉時代からたびたびあったことだ。しかして今また
その行きづまりの時代がきたのだ。変転期がきたのだ。
もだえもしよう、考えもしよう、苦しみもしよう。当然あるべきことで何も不思議では
ない。このもだえ、苦しみ、考える時代に彼女に恋し恋されたと言うことは時期が悪いと
言えよう。前途の問題と、恋の問題との混線とも見える。この恋の問題も、前途が確定し、
去年の様に一意専念思うたところに躍進していた時なら解決は容易なものであるし、前途
の問題も恋がなかったら解決が早いかも知れぬ。しかし今の状態では首足の見当がつかな
い。ここが首と思うと頭であり、頭と言うと足であったりする。右にせんか、左にせんか。
人に語りて参考の為に意見をきくといえども、絶対服従の名論もなければ我れを動かす力
もない。その決を取るところへ行けば、同じくまた、我れもだえると叫ぶのみ。

我れを支配するものは我れなり、真剣にて我が前途を案ずる者は我れなり。
我れを知るは我れなり、我が意気の所有者は我れなり。

しかし過去のもだえの時代にも、光明を幾月かの後には間違いなく認めることはできた。今日では三か月くらいで認め得るやも知れぬと言う状態である。

自分はしかし、光明を認めるつもりでやってみなくてはならない。我れを殺す者は我れで、我れを生かす者も我れである。物質は自分自身の決して目的ではないが、我が目的の副目的産物であり、かつこれが我が目的に我れを導く最もよき良指導者である。

自分は目的の一段階としてこれを置こう。三年の計画、これを基礎としてたてよう。成果のよしあしは自分の知った事ではない。事の利害は案ずるに足らない。「恋も一時捨てよう」、学問も一時思いとどまろう。一切を捨てる意気が一切を拾う意気を与えるに違いない。混乱した万物の中からただ一つ拾うて他全部を捨てる。これが僕を真に救う良手段に違いない。

（大正十一年四月二十二日）

四月の変転はありたり
教員をよすこと
学校へ入ることをよすこと
この二事にいたるまでの二ヵ月間の苦労、我が身を切るが如き感ありしなり。恋は得たり。捨つべき物は捨てて惜しむなく、得んとするものは大執着を以ってこれを得ん。
兄上様よ、城外をして真に男として行かしめ給え。
万事を改めて、以って生命の現存を喜ばん。

（大正十一年四月二十四日）

*戸田は四月という月は、自分にとって変化のある月だと断言している。桜の花の好きな彼が、行動をおこすにはふさわしい月である。没したのも四月。

蕭々（しょうしょう）の雨窓を打って、遠路の客をして故山の父母をなつかしむ。老いませる父君、衰えませる母君、ああ、いかにしてその日をお過ごしか。烈しき生存の競争場裡にも、静かに星のまたたく夜にも、我が脳裡より離れざるは両親の安否なり。若くよりおそばを去りてすでに八星霜、その八星霜の朝夕、我が心にむちうちしはご両親の老いませる御顔なり。父君よ、母君よ、おそばを離れし不孝の児は、浮き世の荒波に沈みつ浮きつして、男の子の胆を練りつつありしなり。彼岸の光明得んものと、朝も夕も怠りなく、兄上様の御力に頼って愚か全力を挙げつつありしなり。この程一、二年が間は一途に書物が山にわけ入って、前途幾千里のうちの一駅を越し次の山をながめしなり。

次に越すべき山は高くして険し、しかして我が身を顧みれば兵糧(ひょうろう)既につきて、疲れたり。一夜を山下にいこうべしとは我れの今なるかな。

兵糧を得つつ山を登る。なし難きにあらず。されど時に、天災ありて、これをこばむをいかんせん。我れ山下に三年いこうて兵糧の為に闘うべし。

右も左も見るべきにあらず。兵糧の為に生命の全部をささぐとも、何のくゆるところあらん。兵糧は我が為に、生命の大使命を果たす良臣なり。これを集むるに全力を挙ぐる、また誰人かこれを非とや言わん。

同日午後七時。生まれて二十三歳、真の恋を知る。理想の妻と定めし彼女、また我が為に誠心を捧ぐ。

我れ根強く彼女を愛さん。いかなる変化にあうとも、いかなる境遇にあるとも、我が妻は彼女のみ。男子はあらゆるものに強く、青年はあらゆるものに燃ゆ。男子の特徴は強きにあり、青年の強みは燃ゆるが如き熱情にあり。我れ、今までは前途にのみ強きを知りたるなり。前途にのみ燃えたるなり。我れも男子にして若き青年なり、前途に強きが如くこの恋に強かるべく、前途に燃えたるが如く、この恋に燃ゆるべし。

前途と恋に青年の意気を表わさん。

前途に向かう大精神の一部具体化されたる三年間の計画の根底なりて、我が心を迷わしめたる恋に対する観念定まりぬ。

男子何の躊躇(ちゅうちょ)かあらん。堅実の計画、確実の方法のもとに、一歩一歩と進まなん。

しかして父母様が現世にいますそのうちに、我れと妻とともに孝行の児となりて、老親様の御心なぐさめん。

下宿八畳の間にただ一人机に向こうて、この一月以来の解決を与う。

学校出と言う形を捨てて恨みなく。教員と言う名を去るとも惜しみなき。

（大正十一年四月二十四日）

＊戸田にとって、この年は新しい夜明けでもあった。三笠小学校の教員をやめ、恋から結婚へふみきった年でもある。

教員をやめた後、渋谷道玄坂で、下駄屋をひらいた。下駄屋といっても露天商のようなもので、下駄の緒は、夜なべで彼自身がつくった。その後、八千代生命の外交員になり、大いに成績をあげた。当時の同僚に野村、川瀬兄弟がいる。戸田を交じえてこの四人は、かたい友情で結ばれていた。関東大震災にあうが、そのとき、つた子夫人の実家の新潟から米を運んで売り、金をもうけた。八千代生命は、時代の不況を受けて廃（すた）れた。

戸田は八千代生命に勤めるかたわら、目黒・日の出幼稚園の一室を借りて、私塾をひらいて補習授業をおこなっていた。これが『時習学館』のはじまりである。

大正十二年、江原氏の後援により、現在のJR目黒駅のすぐそばに『時習学館』を開設した。多くの子女が集まり、秀才教育をほどこすので名高かった。

獄中書簡（昭和十八年九月〜昭和二十年五月）

真ノ平和ハ清浄ノ信仰カラ生ジマス

〈社員宛て〉

勇気を出して残留社員はがんばりください。

私が皆を慰めなくてはならぬのに心配を掛けて申しわけない。信仰第一主義に正しく強く時局下の日本人として生きてください。私もこの信念で精神練っている。いかなる時が来ようと、君等の留守中の出来事の結果について、よかれあしかれ責任を負うから安心してやってほしい。

（昭和十八年九月　推定）

＊昭和十八年七月六日、東京拘置所（東京都豊島区西巣鴨三二七七）へ送られた。不敬罪、あるいは神道を無視したとの理由といわれるが、結局は日本政府の思想統制の弾圧以外何ものでもない（昭和三十二年八月一日付け『週刊朝日』による）。終戦の約一か月まえ、昭和

二十年七月三日釈放された。入獄以来、七百二十九日目である。

戸田は、栄養失調と戦いながら、ひたすら信心と信念に生き、むさぼるように読書をした。一日に何冊もの本を読み、思索を続け、身を以って生と死と信仰の理を悟った。

この手紙は宛て先が不明だが、おそらくはじめて手紙を許されたころのものと推察される。たぶん、日本小学館の社員一同に出したものと思われる。


〈会社関係者宛て〉


私がこんなになって、いろいろと不自由でしょうが、辛抱ください。

平和の時のグーダラ船長たる私より、狂瀾怒濤(きょうらんどとう)の時の私の船長ぶりは、貴女が承知だ。

幹部諸氏に山田高正の二の舞いするなと注意してください。


（昭和十八年九月　推定）

＊たった一行ではあるが、狂瀾怒濤を乗りきっていこうとする強い彼の性格が現われている。

〈子母沢寛様〉

私の留守中お世話ただただ感謝致しております。勝安房守の第五巻出版の事、心配していますが、私が帰るまで一切の交渉事、不自由も腹立ちもありましょうがお待ちください。留守中、大消極策で仕事をさせ、ここで一切を指し図しているのですから、メクラの下手な碁打ちの様なものです。しかし本業の大体のカンは承知していますから安心して下さい。

煩悩(ぼんのう)も真如の月も宿らせて
独房のふーど夢の円らか

（昭和十八年九月　推定）

＊戦争激しきとはいえ、入獄前の戸田の出版事業は、全盛をきわめていた。彼は数社の出版社を経営し、実権を握っていた。そのうちのひとつ大道書房の著者に子母沢寛がいた。子母沢は故郷（厚田村）が同じだった関係で特別に親しかった。

〈夫人宛て〉

先日お手紙有難う。

何回も何回も読みました。

差し入れその他よく注意してくれてうれしい。厚く御礼を申します。何分長い留守、万事に気をつけて頼みます。私の事で世話になっている方々にはよくよく礼を言って下さい。

1　防空壕が出来ましたか。まだならH君に頼むこと、家を修繕した人だ。B君を通じてベンタツしなくては材料不足でオクレるとお父さんに話しなさい。お金は日小から払ってもらいなさい。シツコイ程催促ノコトですよ。

2　秀英社の十二月の配当、商手の配当を生活費にもらっておきなさい。

3　石ケンを差し入れして下さい。本は十二冊まで許してもらいました。Y君に頼んで整えてもらって入れて下さい。差し入れ屋を時々まわって注意して下さい。家庭にある本は入れてはイケマセヌ。皆読んだ本ですから。

4　畑に冬の間去年の様に肥料を入れる様、義信に話してさせて下さい。

（昭和十八年十二月）

〈日本小学館Y氏宛て〉

本の差し入れをN君に頼んであるが、君が主となって整えて家にまわして下さい。一日一冊平均読みますから。

1　学芸社、昭森社、聖紀書房の物頼みます。ただし小説だけ、野村胡堂君のものはいらぬ。時代、現代両小説のこと、昔からのものまだ読んでいません。

2　奥川書房の長田幹彦のもの、長隆舎のもの（忠臣蔵ハイラヌ）、大道書房の探偵ものの（君のこしらえたもの）。
3　人生劇場（尾崎士郎）、吉川英治の宮本武蔵、唐宋八家文（抄ニテヨシ、解シャク付キデナケレバ駄目デス）。
4　店、その他近親に私が読んだ、持っているかを確かめて、持っていない面白そうな本を集めて、ドシドシ入れて下さい。
5　幹部として終生たてるだけの修養怠りなさるな。私のあらゆるものは「上数に倍す」ですからね。

（昭和十八年十二月）

〈日本小学館B氏宛て〉

留守部隊長として万万の労苦お察し致します。私が帰りましたら第一線で万事引きうけるつもりですから、どうか、がんばって下さい。家庭の事、会社の事、万事頼みます。Sの相談にものってやって下さい。七月二、三日にK君に仕事をたのんだが報告先に困っていると思う。十二月で打ち切る様報告を聞いて下さい。SともFさんとも関係あるからよろしくご相談ください。カギサの収支決算十二月にハッキリして幹部で状勢をのみこんでいて下さい。

私にいつでも報告できる様に一切をしておいて下さい。今度私が帰れ得る時あれば、その時は、カギサの直接支配して大いにがんばるから。防空ゴーを家庭でつくると言っていたが出来たかどうか。出来なかったらH君をベンタツして作ってやって下さい。

静けさに生命みつめてくらしけり
独房住まいの朝な夕なは

皆によろしく。早く皆に会いたい。そして勇ましく働きたい。僕は差し入れの薬で丈夫になりつつある。

（昭和十八年十二月）

〈夫人の父上宛て〉

お父様へ

いろいろとご苦労、相すみませぬ。

1　電話はつきましたか。工事費は店から出させましたか。

2　防空壕の修理、H君でうまく行かなかったら、K君のところで頼んだ人があるはずだから聞いてたのみなさい。

3　貰い仏に差し上げる毎月の百円、トンと指し図を忘れて相すみません。四海書房へ話して私の給料を貴方が受け取っておいて下さい。今までの分は商事の給料を今月からとって充当して下さい。

4　生活費の指し図を会社へしてないのでI子（夫人、以下同）が面食らっているでしょう。会社への手紙は出すのですが、仕事の指し図に追われて手落ち致しておりました。本月秀英社と本年の配当で過ごせたら、過ごす様I子に話して下さい。次便は来月着になりましょうから、正月に「社」から三千円届ける様手紙出します。

金がなくなったらこちらへ手紙下さい。私から指し図してやります。直接お話になるより良いでしょうが、入用の時は遠慮なく話して下さい。

5　カギサ自廃、奥川、大道、日小、秀英社は自廃と聞いてはお父さんも、私の事業がおしまいではないか、また会社のものに財産が「かきまわされ」やしないか、「生活に困りゃしないか」と心配でしょう。しかし一切ご心配なく、らくに暮らしていなさい。私を信じ、社員を信じていて下さい。ここにおっても事業の運行、その状態はよくわかります。また出たら賞、罰を明らかにする私の決心を皆はよく知っております。安心して私の帰りをお待ち下さい。

（昭和十八年十二月九日）

＊お父様とあるのは、夫人の父。戸田はこの父をほんとうの父のように尊敬していた。

〈夫人宛て〉

1　シャツ、モモヒキ、ユカタ、タオル、タビを二十日に宅下げする。今着ているものを出すのだ。今度入れてもらうと三月までは出せまい。だからシャツ、モモヒキは、ごく家にあるもの、最上等のもの、ボタンに気をつけて入れて下さい。ユカタは「セル」にして下さい。出来なければよい。

2　御護り様の差し入れは、何枚か、調べて下さい。

3　本はY君にも頼んだから、四、五十冊至急そろえさせなさい。すぐ持って来なかったら、平塚へ速達、電報、電話とやりなさい。私がそうしろと言ったと。

A　岡本かの子著老妓抄（古本屋で家の人がさがすこと）。

B　法華経廿八品の講義あるいは和訳。これはF君にさがしてもらいなさい。

4　先日、T（夫人の弟）が十円の差し入れ、Tの働いた金と思ってうれしい。人は誠心だけがうれしいものだ。

5　十一月二十六日付け手紙七日拝見。花の差し入れ感謝、戸田流の活け花をやって楽しんでいる。差し入れ金の度に訪問を喜んでいる。昨日「ボン」の差し入れ、突然で非常にうれしかった。

餓鬼道にうけた回向（えこう）のうれしさは
浮き世の宝　極楽の味

一粒一粒頂いてたべた。おかげで昨日はあたたかかった。ボンは甘いから糖分がとれる。この間石ケンは入りました。石版を許されています。石バンフキ。細イ石筆差し入れ願います。

毎日寒い。

（昭和十八年十二月九日）

＊宅下げというのは、獄に差し入れたものを自宅に持ち帰ることをいう。獄中の生活は、戦争下とはいえ、過酷をきわめたものと思われる。偉大な信念と信心がなければ、生きて出獄は不可能であった。彼は書を読み、花を活け、凡人では克服できないものを克服しとげた。Tとは夫人の実弟。

〈夫人宛て〉

オ前ノ手紙ノ表書キニ西巣鴨一丁目落チテイマスカラ注意ノコト。

二十七日付ケ手紙有難ウ。オ父様ヤオ母様ニ、オ身体ヲ大切ニシテ丈夫デイテ下サイ。今度ノ不孝ノオワビニ、帰ル日ニハ倍々モ大切ニ致シマスト。マタ死ニモノ狂イデ働クカラ、トテモイソガシクナルガ坊ヤノ為ニ必ズ一家団ランノ日ト旅行ノ日トヲ予定シテ働キマスト。次ニ「日小」ニ整理ヲ命ジタカラ、外部カラ自宅ニ取リ引キ上及ビ貸借上ノ話ガアッタラE君ガ全部僕ノ代理人トシテ、日本小学館専務席ニ座ル様命ジテアルカラ、E君ニ話ス様。以上オ父サンヘ。

1　差シ入レノオ礼ヲ致シマス。タビカバー大変アタタカイ、ズボン一枚違ウ。O子(T氏夫人)ニヨロシク礼ヲ頼ム。

2　着物モジュバンモ綿入レモ胴着モ皆ホコロビテ綿ガ出マシタガ、寒イ時ダカラ出セマセヌ。二十日ゴロ暖カクナリ次第出スガ、綿入レハ今度ハ薄イ綿入レ(タンゼンニテモヨシ)ヲコシラエテオイテホシイ。今着テイル厚イ綿入レト薄イ綿入レトアワセガ入ル様考エテオイテ下サイ。

3　両全会ノ滋養剤ノ差シ入レニ苦心シテ下サルコト有難ク思イマス。滋養剤ハ皆私ノ血トナリ肉トナリ再起ノ元気ニナルノデス。ドウカ今後モシッカリ頼ミマス。月、木ト二日ハ注文以上ニドンナニ入ルカト楽シミニシテ三時マデ待ツノデス。マタ、昨日(七日)ニモ余分ニ「ボン」ヲ差シ入レテクレテ昨夜ハ大変暖カク、オイシク、オ前ト話シナガラ、オ父サン、オ母サント話シナガラ、Tト語リ坊ヤヲ教育スル想イニフケリナガラ「ボン」ヲ一ツ一ツズツ食ベマシタ。オ酒モリヲシテイル様ニシテ。

残金ハ必ズ十円近ク残ル様。マタ、副食物ノ方ニモ注意シテ私ノ注文シナカッタモノガアルナラ必ズ入レテ下サイ。

4　一月十日ニ非常ナ霊感ニ打タレ、ソレカラ非常ニ丈夫ニナリ肥リ、暖カクナリ、心身ノ「タンレン」ニナリマシタ。立派ナ身体ト心トヲ持ッテ帰リマス。安心シテ差シ入レノコト頼ミマス。差シ入レノモノノミヲ楽シミニシテ楽シク暮ラシテイマス。

5　本ノ差シ入レニオ父サソノゴ苦労有難イト思イマス。日ノ出、日ノ入リハ、暦ヲ差シ入レテ下サイ（神宮館デ発行シテイマスカラCサンカラ頼ンデモライナサイ）。経済書ノ貨幣論（N君ニ頼ム）、週刊朝日オヨビ毎日ソノ増刊、経済雑誌、日ノ出、富士等ノ差シ入レ願イマス。沢山デナク一週一、二冊ノ割リ。返シタ本ハ、ナクサズ記念ニトッテオク様、玄関ノ左側ニ「本箱」ヲ買イタイト思ウ。

6　盆栽ノ差シ入レ頼ム。十日ニ一ペン位、ナガメタ。盆栽記念ニシタイト思ッタガ宅下ゲ出来ヌ由。

7　Tノ差シ入レ金、一日ニ入リマシタ。手紙モ年末有難ウ。金ハ使イ道ガナイカラ、副食物カ、両全会、「ボン」カニシテクレ。Tノ名ヲ呼ビナガラ食ベルト。福神ヅケヲ今売ッテモラッタガ、世ノ中ニコンナウマイモノガアルカト思ッテ食ベテイル始末ダヨ、ト伝エテクレ（手紙下サイ）。

（昭和十九年二月八日）

〈夫人の父上宛て〉

生活指針タル感想アリ、故ニコノ手紙保存セラレタシ。

留守ハ並大抵ノコトデナイト思イマス。今少シト一フン張リ願イマス。日小モ整理ノ為I子ノ入用ガ会社カラ届カナイカモ知レマセヌ。ソノ時ハ日本商事ノ取リ立テヲ厳重ニスルカ、事情ヲ話シテ集金シテ仮払イトシテI子ニ渡シテ下サイ。万一ノ場合ハ子ドモノ不動銀行ノ金ヲ使ッテオイテ下サイ。長ラク不孝タダ恐縮デ、オ母様ト一緒ニ懐シク、コノゴロ夢ヲ毎晩見マス。皆ノコト心配シテオリマス。

E君ニ「カギサ」ノ整理ヨリ、日小ニ僕代理トシテ対外交渉ニ専念スル様、コノママ伝エテ様子ヲ知ラセテ下サイ。差シ入レノ本ノコトハ「Y君」ニ遠慮ナク依頼ナサイ。N君ガ留守ナラ本ノコト一切Y君ニ僕カラ次便ニ依頼シマス。次ノ本ヲハガキデ渡辺書店ニ注文シテ差シ入レ願イマス。国文館「アメリカ戦時経済ト金融統制」(塩谷九十九著)、今日問題社「大化改新」「源平盛衰記」。

オ母様ヲ大切ニシテ下サイ。村上ノ姉デモ何デモ「社ノコト」「家ノコト」「私ノコト」口出シスル者ハ相手ニ絶対シナイコト。ドンナニツラクトモ、私ノ帰ルマデト辛抱願イマス。身体ヲ大切ニシテ下サイ。

(昭和十九年二月二十三日)

〈夫人宛て〉

東洋経済、実業の日本、アサヒグラフ、週報、有難ウ。感謝シテ読ンデオリマス。チリ紙モ第四回入リマシタ。鼻水生活デ沢山使イマシタガ暖カクナルト使ワナクナリマショウ。風邪デハナイカラ安心アレ。

御書（日蓮聖人遺文集）ダレカラカ借リテ下サイ。珠数ノ差シ入レ願ウ。法華経ノ講義書、千種先生カ堀米先生カラカ借リテ入レテ下サイ（ナルタケ一冊カ二冊ノモノ）。

新刊雑誌（日ノ出、富士、講談クラブ、講談雑誌、中央公論、改造等）頼ミマス。タダシ雑誌バカリデナク、小説モ一緒ニ願イマス。

コノ手紙ノツクコロ（三月初メ）着物、シャツヲ出シマス。暖カクナッタラ。シャツ、ズボンハ二度ニ出スカラ二枚ズツ用意ノコト。ワキ下ガ着物ハホコロビマスカラ、充分ニヌッテ下サイ。

日ノ出、日ノ入リノ時間ハ気象台へ問イ合ワセニ行ッテ知ラセテ下サイ。三畳ノ独房生活デウゴクモノハ「日」ダケデス。三月十五日、三月二十五日ト十日オキデ結構、今年一月一日、十日ノ温度トコノ手紙ノツイタ日ノ温度。

両全会ノコト「社」へ頼ンデヤッタノガ誤解シテイル様ダ。貴女ノシテ下サッテイルコトハ不足ハナイ。ムシロ行キ届イテイル。三月六日（月）両全会ガ「休ミ」（祝日ノ為カモ知レヌカラ、二日（木）ノ日ニ、二度分オ役人ニ頼ンデ差シ入レノコト願イマス。

今ホシイガ両全会ニナイモノ。気ヲツケテアリ次第頼ンデ入レテ下サイ。石バン、ゾウリ、石バンフキ、花、盆栽。
差シ入レハ私ニドンナニウレシイカハ貴女方ノ想像以上デス。時ニ病後デ、身体ノ鍛練中ノ私ニ滋養剤クライ有難イモノハナイ。

出所後次ノ如ク（タダシソノウチ一ツ）改名シテ一新。更生シテヤル。皆デ、ドレガヨイカ相談タノム。

馨雅、城聖、雅公（仁）、雅皓、剛弘。


（昭和十九年二月二十三日）

＊前述したが、戸田は心気一転を期して改名している。最後となった城聖の名は、獄中で考えだされたものである。

〈夫人宛て〉

一　不許可ノ本宅下ゲ、品名不明。差シ入レ屋カラデモ調ベテモラッテ通知下サイ。シャツ（留置品）宅下ゲシマシタ。

二　コノ手紙以後ハ、着物ハ冬物ヲ入レテ下サイ。秋ノモノデハナシニ。私ノ身体ハ普通ヨリ冬ガ一月早イ。

三　書物前便デ何デモヨイト言ッテヤッタ。ナンデモヨイガ、出来ルダケ通俗的ナモノカ小説ヲ失張リ多ク頼ム。ドウモマダ元気ガ去年ココニ来タコロマデ回復シナイ。貴女ト別レタコロノチョウド、八分目位ノ回復ダ。コレデモ大変ヨクナッタノダ。一時ハ物言ウ元気モナク疲レ果テタノダ。修養シテイル。修養トハ大変ナモノダ。シカシ丈夫ニナル。修業デス。私ガ御国ニ尽クシ抜イテ死ンダ時、貴女ノ今日ノ苦労ハ報イラレル。先日宅下ゲ品中「母ノ日記」菊地リン平著、必ズ読ミナサイ。信仰ニ生キタ人ノ姿デス。

（昭和十九年九月）

〈夫人の弟宛て〉

何カト親切ニシテモラッテ有難ウ。僕ノ留守中、僕ニ成リ代ワッテオ父サン、オ母サンヲ大切ニ、I子ヲ慰メテヤッテクレ。一日無理シテ、古本ノ買イ入レニ行ッテ差シ入レ頼ム。世界大衆文芸大集、改造社版（タシカ一冊一円カ五十銭デアッタ。四六判、赤イ表紙ノモノ、私ノ家ニモアルカラ版ハ違ウ。最近バン）ソレハ入レテハナラヌ。ソノ外、昔ノ時代小説、有名ナ世界的小説等古イモノヲ二、三十冊買ッテクレ頼ム。精神ヲ豊カニシ、力強クシ、暖カクシ、明ルクシ、明ラカニシ、丈夫ニシ、愉快ニシ、将来アル様ニト毎日奮闘ダ。察シテクレ。

着物ノホコロビ出ヌ様Oニ責任負エト頼ンデクレ。

（昭和十九年二月二十三日）

〈夫人宛て〉

この手紙保存のこと。

1　四月十六日付け手紙拝見。生活費のことで大変心配している。私の帰れるのも先はわからない。会社の方は一切整理だから、毎月の仕送りは面倒であろう、と思う。私は今まで他人の為のみ「よく」してやってきた。いつも私たちが苦しむのも仕方ない。貴女もしっかりして私の自由になる日まで待ちなさい。一切の掛け金をやめなさい。債券のご奉公以外は。ニコニコはよして掛け金を全部お父様に行って取って来てもらいなさい。そしてそれを生活費にしておくこと。商事会社の方の事もどうなっているか。心配している。

2　先日判事にお願いしてお許しを得たからお父様（お前でなく）が会いに来てほしい。

3　同様面会の事「日小」からもだれか一人なり二人なり、別に面会許可をもらってくる様話して下さい。

4　厚田へ手紙をやって、ニシン、数の子、スシニシン、天草、例年通り注文しておきなさい。お金はあとで送りますと。出来るだけ沢山頼んでおきなさい。

5　物資は今後ますます不足になる。これを、がんばるのが、今の日本人の生活だ。苦しくてもがんばって下さい。その時に差し入れを無理にたのむのは申しわけない。

6　O子から四月初め手紙をもらった。タビカバーも暖かくはいている。Tにも小説の礼を言ってくれ。まことに有難い。一生皆の恩は忘れないよ。

7　お父さんに「元気」にいてほしい。城外は心配している。

8　御開扉願　祈念ノコト成就　戸田城外　として御本山に頼む。

9　両全会、差し入れ中止の由だが。ネオスが入ってから大変よくなったが「リウマチ」に先月末からなり、体力も弱った。暖かくなったらの一念で来たのが暖かくなって、がっかりしたのかもしれぬ。それで綿入れも返せぬのだが、両全会の滋養剤はどうしても「のみたい」と思う。月、木と差し入れ日になった。

小説たのむ。近日宅下げの日下藤吾の「戦争経済の構造」は大変よい本であった。なくさずに取っておいてほしい。

時が来れば、私がいるといないに関せず幸福はくるよ。

（昭和十九年四月二十一日）

〈夫人宛て〉

何かと差し入れの事、ご苦労に思います。物資不足の時、何とも申しわけがない。この物資不足はまだまだひどくなる。そのつもりで生活計画を立てなさい。私の差し入れも貴女以外にはだれも真剣になってくれる者がないのだから、どうか今しばらくと、熱心にがんばって下さい。私のいた時の様に、だれもが親切でなくても、それはあたりまえなのだから、そのつもりで一人で、しっかりと万事に働くのですよ。人を頼らず私の言った通りよく守って、その通りにしなさい。不動貯金も解約しましたか。解約しましたら現金をうけとっておくのですよ。

一　着物差し入れの件

①　合着ノシャツ問イ合ワセ。私の室にはない。宅下げしたと思う。宅下げしてなければ入り口に預けたままか、記憶がない。

② セルを返したから、袷（あわせ）は入るはずだが、入らぬところをみるとセルも手元に届かぬのか心配している。

③ 綿入れを返したし、袷たのむ。

④ 今度綿入れを返したら単衣（ひとえ）。冬シャツ返したら夏もの（合着）。腹マキも一緒に返すから別のをたのむ。

二 本

本月五日で小説がなくなって、全部本は宅下げ、その間くるしんだ。

きょうもまたいかにくらさん独房に
あさげすましてなすこともなし

と言う様な工合で、差し入れ本は、どんな本でも皆読んでいる。ヴィガーの貨幣論など、二度、三度と読んで頭に入れている。小説について新しい経済学書（Dにたのめ）を入れて下さい。この手紙つき次第、台町の本屋、二本榎、目黒と本屋に行って「小説」下さいと言って買うのです。こんなのはどう、とか、あんなのとか考えると買うのがなくなるから、坊やか、おばあちゃんに買いに行ってもらって、小説ならなんでもよいと言う考えで、どんどん入れて下さい。

本はまだまだ高く定価以上になります。坊やの為、辞書類は買っておいてやりなさい。太白書房の本、H君に頼んで行ってもらって入れて下さい。黒田如水（宅下げしたもの）貴女読みましたか、読んだらSに読ませなさい。雑誌たのむ。『現代』の五月号ありませんか。人にたのまず、自分で、どんどん出るのですよ。

三　鎌倉、今年も坊やの為、去年の家の室を頼んでやりなさい。坊やの丈夫になったのは、夏の練成が、大変役立っている。必ず今年も借りてやりなさい。現代の者は大切だ。ことに私の汚名をそそぐ為には、親子二代がかりだ。面会に来る手紙はとっていますか。

四　滋養剤ネオスAは本月一パイ差し入れしなくてもよい。B剤たのむ。両全会の差し入れたのむ。部長さんに貴女が面会して頼みなさい。私の身体の事情は知っているから、もし都合悪い時はUさんの知人から話していただくか、E君、G氏に話して手続きをさせなさい。できるのです。できないと止めてしまえば、何でもダメと思う。

お体大切にしなさい。

（昭和十九年五月十日）

〈夫人宛て〉

一　オ父サンニ次ノコト依頼シテ下サイ。台町ノ家屋大至急「I子」名儀ニ書キ換エテ下サイ。P君ニX氏カラ裁判所へ訴エタ由ノ通知アッタガ、私ガ帰ッタラ一銭ノ損モ掛ケヌカラ、面倒ナコトセズ待ッテホシイトヨクタノメト伝エテ、返事ヲ下サイ。

二　二十八日付ケ手紙拝見、種々差シ入レ有難ウ。生活ノコトオ父サンニマカセテヒトマズ安ンジテイル。感謝。

三　種々ノ人ニ、マタ社ニ、差シ入レノコト頼ム様ニ。小説及ビ滋養剤ヲ頼ムノハ、貴女ガ買イ整エルノニ大変苦労ガアルト思ッタカラ。少シデモ手伝イシタイカラデス。「コンナニ言ッテキマシタ」トダレデモ言ッタラ、滋養剤、小説ヲホシガルガ、ナカナカコチラデモナクテ困ル、ドウカ少シデモ応援下サイト言イナサイ。「コチラデイタシテオリマス。ゴ安心下サイ」ナドト言ッテハナラヌ。頼ム理由ヲイッテ頼ミナサイ。「ドンナ」ニシテクレタカヲ後デ知ル材料デス。

四　宅下ゲノ本中「渡辺崋山」子ドモノ教育上、是非読マセテ下サイ。「走馬燈」ハ貴女ガ読ミナサイ。

五　ノミ取リ粉（強力ノモノ）大至急。

六　チリ紙ハ二ヵ月分アル。差シ入レスルナ。家デ不自由デハ困ル。

（昭和十九年六月二十日）

〈夫人宛て〉

一　フトンノ中シキブトンヲ取リ換エタイ。八月五日頃返シタイガ、モシ、コノ手紙ガツイタラ、宅下ゲスル様、保ゴ会カラ催促シテクレ。掛ケハキレイダ。毛布モ一緒ニシタイ。タノム。シキブトンハデキルダケ厚イモノヲ入レテホシイ。

二　手拭イ、デキタラ一本タノミタイ。

三　メガネ、今シテイルノガコワレカケテイルガ、去年F君ニ作ッテモラッタノガ、金庫カ「日小」カニアル。Kサンニサガシテモラッテ（E君デモ）、ソレヨリ、右ヲ一度ヒククシテ左ヲ一度強クシタモノガ差シ入レラレマイカ。外デ係役人ニ言ッテ外ノ手続キヲシテ下サイ。

四　ノミ取リ粉入ルトバカリ聞イタモノダカラ、何度モ催促シテスマヌ。申シワケナイ。七月五日ノ手紙拝見。スマナイト思ッテイル。雑巾有難ウ。ゾーリモ有難ウ。

五　差シ入レニ万事注意ガヨク行キトドキ、実ニ有難イ。「親」ニモ優ル親切タダタダ感謝。

六　ビタミンノ補給ガ先月カラ皆ノ努力、貴女ノ親切デヨク効イテ、身体ノ調子ガメッキリヨクナッタ。五月ニハトテモツカレ果テタ身体ガ見違エル様ダ。身ノ真ハ大変ヨイノダガ、栄養不足カラ弱ッテイルノダカラ、滋養剤ハデキルダケ沢山願イマス。子供ガ親ノ乳ヲ待チコガレル様ニ入ルノヲ待ッテイル。私ガ留守ダカラ他人ハヨク世話ハシテクレマイガ、私モ頼ムカラ、関係者ニドシドシ頼ミナサイ。

（昭和十九年七月二十四日）

〈夫人の父上宛て〉

オ父様オ母様永イコトゴ心労。行キトドイタオ世話。タダタダ感謝デゴザイマス。ドウカ強ク生キテイテ下サイ。不孝ノ罪ハ、ドンナニシテモオ返シ致シタイノデス。今ドンナニ苦シクテモ貧シクテモ、私ノ生キテイル限リ「富メル者」トノ自信ヲ失ワズニイテ下サイ。私ハ貴方方ノ養子デハモウアリマセヌ。「実子」デスゾ。毎日私ハ、「国恩」ニ「オ世話ニナッタ方々」ニゴ恩ヲ報ゼント、一心ニ「精神修養」ニ邁進シテオリマス。「健全ナル精神ハ健全ナル身体ヲ作ル」トイウ悟リノモトニ、「肺患」モ「ゼン息」モ「心臓病」モ「リウマチ」モ、根本的ニ「治ス」努力シテオリマス。非常ニ丈夫ニナリマシタ。

精神修養ヲ肇(はじ)メテカラ一時ハ「生キル」力モナクナッタ私ガ、「メキメキ」丈夫ニナリ「強クタクマシク」「清浄ニ」「安心シキッテ」生キル工夫中デス。一ツニハI子ノ努力デアル、滋養剤ノ多量摂取モ「力」アリマス。厚クI子ニ礼ヲ言ッテ下サイ。心デ泣イテ飲ンデイルト。宅下ゲノ「フトン」大変汚レマシタガ、室ハキレイナノデスカラ安心シテ下サイ。

一　チリ紙十月一杯マデアリマス。石ケンハ一昨日新シク入リマシタ。有難ウ。大事ニ大事ニ年内使ウッモリデス。

二　五月ノ差シ入レノ金使ッテシマイマシタガ、マダ預ケルノガアリマショウカ。オ取リ調べ願イマス。

三　メガネガイヨイヨコワレマシタ。右一度弱ク、左一度強ク、ガウマクイカナカッタラ、古イノヲ入レテ下サイ。「古イノデモ玉ノ大キイ方」

（昭和十九年八月十一日）

〈夫人宛て〉

一　生活ノコト心配シテイル。会社ヘ愈々ノ時ハオ父サンカラ相談シテモライナサイ。最後ニハ判事サンニオ願イシテ私ノトコロヘ来ナサイ。心配カケマイナドト思イナサルナ。私ニハ充分ノ考ガアル。安心シテイナサイ。

二　決シテ、諸天、仏、神ノ加護ノナイトイウコトヲ疑ッテハナリマセヌ。絶対ニ加護ガアリマス。現世ガ安穏デナイト嘆イテハナリマセヌ。真ノ平和ハ清浄ノ信仰カラ生ジマス。必ズ大安穏ノ時ガマイリマス。信心第一、殊ニ子ドモノ為ニハ、信仰スル様。ゴ両親トモ、信心ハ捨テマセヌ様。

三　堀米先生ニ。去年、堀米先生ヲ「ソシッタ」罰ヲツクヅク懺悔（ざんげ）シテオルト話シテ下サイ。「法ノ師ヲソシリシ罪ヲ懺悔シツツ、永劫ノ過去ヲ現身ニ見ル」ト言ッテオリマスト。

四　オ父様ニ「本年ノ仕事」ハ私ガ帰ルト、国家的事業ノ一役トシテ、大事ナ事業ニナリマスカラ決シテ廃業ナドセヌ様、私ノ帰ルマデ、持チコタエ願イマスト。

五　コノ手紙ノツク頃カラノ宅下ゲノ着物ハ、秋ノモノト願イマス。コチラハ一段ト寒イト思ッテ下サイ。
六　雑費用ノ金ノ差シ入レ、残金ノ有無ガワカラヌノデ一寸困ッテイマス。五月ノ差シ入レ金ハ使ッテシマッテ、ソレヨリ以上五十円位ニナッテイルト思イマス。コノ手紙ツキ次第「弁当券」十枚差シ入レ願イマス。十枚以上ハイリマセヌ。雑巾二枚入ッタウチ、一枚ガボロボロニナリ、二枚目使用中、差シ入レガ許サレタラ、ドウカ差シ入レタノム。オ部屋ハオカゲデ、大変清潔デス。安心シテ下サイ。
七　差シ入レノ本ゴ苦労様。身体ガ元気ニナッタノデ、ドンナ本デモ読メマス。ドウカ何本デモ、本ナラ手アタリ次第心配セズ入レテ下サイ。料理ノ本デモ、哲学デモ、化学、物理、植物、高級、低級カマイマセヌ。特ニ読ミタイト思ウノハ「キリスト教」「カント哲学」「西洋史」「浄土宗関係ノ経文」「中等程度物理化学」。
皆貴女ノオカゲト有難ク思ッテイル。心配ヲカケタ「心臓」「気管支」「ゼン息」「糖尿」皆全快。今ノトコロ「リウマチ」ガ九分マデ、悪イノハ「目」ト「痔瘻」。元気ガヤット八分通リノ回復トイウダケデス。リウマチハ絶対ニナオシマス。タダシ「目」ト「痔」ハ精神ト滋養剤デナオルモノカ、一、二ヵ月見テ下サイ。修養トイウモノハ毎日毎日ノ努力

デス。（カルシュウム薬ハゼヒタノム）

八　差シ入レノ滋養剤ハ全部「血」ト「肉」ト「骨」トニナリマス。ドウカB剤ヲ今ヒトフンバリ頼ミマス。戦時ムキノ「体力」ト「偉大ナ努力」ト修養デ、「健全ナ一大精神ノ完成」ニ邁進。

（昭和十九年九月六日）

〈子息宛て〉

P殿（A子＝姪＝ニヨロシク。私ガ大変喜ンデイルト伝エテ下サイ）

一ノ関へ疎開シタト聞イタ。楠正行公ハ、十一歳デオ父サンノ志ヲツイダ。オ前モ十ダ。立派ナ日本人トナル為ニ、一人デ旅ニ出ル位、ナンデモナイ。強ク、正シク、生キナサイ。日本人ハ「神様」ニナレル。正行公モ神様ニナッテイル。男タル以上「神」ニナル決心デ修養ナサイ。一切ノ修養ノ大本ハ「丈夫」ニナルコト。強イ男ラシイ身体ヲモツコトダ。

丈夫ニナルノハ、一心ニ「丈夫」ニ俺ハナルトマズキメテ、サテ、ドウスルカハ、後ハ自分ノ工夫ダ。

オ父サントハマダマダ会エマセヌガ、二人デ約束シタイ。朝何時デモ君ノ都合ノヨイ時御本尊様ニムカッテ題目ヲ百ペン唱エル。ソノ時オ父サンモ、同時刻ニ百ペン唱エマス。ソノウチニ「二人ノ心」ガ、無線電信ノ様ニ通ウコトニナル。話モデキマス。コレヲ父子（おやこ）同盟トシヨウ。オ母サンモ、オ祖父サンモ、オ祖母サンモ、入レテアゲテモヨイ。オ前ノ考エダ。時間ヲ知ラセテ下サイ。

（昭和十九年九月六日）

＊当時、最愛の一人むすこは小学生。空襲はげしい東京から一ノ関の叔母（戸田の妹）のところへ疎開していた。

〈夫人宛て〉

一　Ｐノ一ノ関生活ハドウカ。通報ガホシイ。毎日案ジテ、子ドモノ為、題目ヲ唱エテイル。貴女モ信心第一ニ、先祖ノ罪障消滅、国運隆昌ノ祈念毎日スル様。Ｐノ為ニハ、大局的教育ヲ考エルコト。オ母様ガ一緒ナラ次ノ如クシタラドウカ。一月ノ中、オ母様ト十日間、オ前ト十日間、一人デ十日間トシテ最初独リ生活ヲ慣ラシテハ。即チ十日交替式トイウコトヲ考エテゴラン。

二　タンゼン、冬シャツ、モモヒキ、タノム。今少シデ身体ノ完全回復ニ近イガ、マタ寒サトイウ大敵ガクル。ガンバルツモリ。私ノ留守中、オ父サン、オ母サンヲ大切ニスルコト。

三　宅下ゲノ本ハ一冊モ無クセヌ様。全部私ノ読ンダモノダガ、帰ッテ思索ヲマトメル時ニ入用ダカラ。

（昭和十九年九月三十日）

〈戸田の妹宛て〉

世ノ中ニ奇跡ハ実際ニアル。目ノ前ニ存在シタ。オ前ガ私ヲ世話スル。コレガ奇跡デナクテナンデアロウ。コノ奇跡ヲ感謝デ終ワラセタイ。ドウカ、次ノコトヲ心得テホシイ。

一　Pニ毎日御本尊様ヲ拝メル様ニシテヤッテホシイ。オ前方モ純真ナ信仰生活ニ入ルガヨイ。

二　Pヲシカッテハナラヌ。自ラヲ規正スルコトノデキル勝気ノ性質ノ子ダ。叱ッテハナラヌ。ドンナ悪イコトヲシテモ「ジット」見テテ「ホシイ」。決シテ叱ルナ。甘イ甘イ叔母ニナッテクレ。甘イ甘イ叔母ニナッテクレタラ、私ハ大感謝スル。賢明、賢良ナオ叔母様ニナッタラ、私ハ感謝ヲ忘レナイ。「昔通リ」馬鹿扱イト心得ラレヨ。教育ニハ「教授」「訓練」「養護」ト三通リアル。「教授」モ「訓練」モ頼マヌ。決シテ教育ヲシテハナラヌ。タダ養護ノ役、宿屋ノ主婦トシテイテクレ。自由ニナッタラ、ソノ時一番ニ大感謝ニ行ク。「A子」ニヨロシク。今度会エル日ヲ楽シミニシテイルト伝エテクレ。

（昭和十九年九月三十日）

＊戸田には妹が二人ある。すぐ下の妹は札幌市に在住。手紙の妹は、小さいときに養女にやられた一ノ関在住の妹である。わが子にたいする教育法はまことに厳たるものがあって、たとえ一時世話になる妹にも、「養護」の役のみを依頼している。

〈夫人宛て〉

冬シャツが入らないので大変寒い。十月五日に冬の「ももひき」が、袷と一緒に入って今日（十四日土曜日）で九日である。キット何かお役所の記帳上の誤りで、入らないのであろうと思う。

一　タンゼン、綿入れを入れて下さい。寒さにむかって夏中ようやく病気はなくなったが、身体の衰弱が回復しないので、少し寒いと手足の先が冷えきって寒くてたまらぬ。この冬が思いやられます。

二　両全会が、差し入れできると思います。部長さんに頼んで下さい。栄養剤を是非差し入れ願います。

三　本が今日で一冊も読むのがありませぬ、どうか頼む。お母様が留守になってから、九月から差し入れが粗末の様に思う。何もかにも不足がちの生活だが、戦時中だからこれでも有難いとは思っているが、入れられる物はどうか工夫して入れてほしい。雑巾は入らぬか。

（昭和十九年十月十四日）

〈夫人の父上宛て〉

I子が留守か、だれか病人かと毎日案じておりましたがいかがですか。余りに帰れないので、元気を落としておりますか。時勢は私共一家でなく一同に苦労の時です。どうか、がんばって元気でおって下さい。日夜、お父さん、お母さんの無事を祈っております。国家の大変も思い一日も早く帰って、志を集中したいと思っています。非常時差し入れの苦労は申しわけありませんが、左の事項何分よろしく願います。

一　差し入れ金……八月末日調査報を願った残金使ったのを累計して、もう今月でありませぬ。弁当（一食八十銭）たべておりますのです。どうか至急差し入れ下さい。

二　弁当券……金がなくなって買わずにいます。三十枚願います。

三　冬シャツ……十一月二十五日上下二組入りました。ただ今一枚です。もう一枚入れて下さい。O子に頼んだのができれば何より結構。でなければ普通ので、つぎだらけでよいです。

四　ズボン……これは二枚あります。一枚ヒザが抜けました。一月ごろ取りかえて「つぎ」して下さい。差し入れ屋に用意しましたら「ハガキ」下さい。破けた方を宅下げいたします。

五　ネオスしばらくありませぬ。手に入りませぬか。他の滋養剤はどうでしょう。時勢を思うと、無理にとはこのころ申されませぬ。ただ丈夫で帰りたい一念の為にです。

六　どうかI子の力になってやって下さい。元気でいて下さい。差し入れの事、社へも

Cさんへも頼みましたが、今は差し入れ金だけのさし迫っての不自由で、後は辛抱の決心です。

（昭和十九年十二月二十二日）

〈夫人の弟宛て〉

一　お父さんお母さんを兄さんにかわって大切に。
二　寒さの時、お前の身体をごくごく大切に。
三　I子をよく慰めてやってくれ。O子にもよくI子を慰め元気づける様。
四　D君に「エビオス」を探してもらってくれ。お父さんから話してもらって下さい。
五　本が何かあるまいか。何本でもよいが。
六　私が帰ったら国家の為にも、皆の為にも、命がけで働き、国恩にも皆の恩にも報いる決心。毎日寒さと戦いながら春のくるのを待っている。

（昭和十九年十二月二十二日）

〈夫人宛て〉

一　封カンハガキ、当所品切レ。大至急、二枚デモ三枚デモ差シ入レ十枚マデヨシ。
二　エビオス無クナッタ、大至急。
三　チリ紙本月ニナッテ差シ入レナシ。ナクテ困ル。
四　タオル（二十四日）、足袋、フンドシ（十二月二十八日）ニ宅下ゲセル代ワリヲ、大至急入レヨ。下ゲタモノハ何デモスグ入レテ下サイ。
五　袷ノ代ワリ綿入レ十一日ニ入ッタ。温カクテウレシイ。カゼヲヒイテイタノデナオ有難イ。チリ紙モ使イスギタノダ。鼻水デネ。
六　姓名判断ノ本ガ私ノ机ノ引キ出シニアッタハズ。差シ入レタノム。（差シ入レ物ハナンデモタノム）

七　花ノ差シ入レ十日ニアッタ。有難ウ。大変ヨク活ケマシタ。先月入レテクレタ水仙ハ、今デモ咲カシテイマス。

八　盆栽ヲ宅下ゲシタガ記念ニヨク育テテ下サイ。

（昭和十九年十二月　推定）

〈夫人の弟宛て〉

金ノ差シ入レタノミマス。

一銭モナクナッテ、非常ニ不自由ヲシテイマス。Cサンニ、社ニ、マタ、台町へ二本モタノンダガ差シ入レガナイ。キットI子ガ留守カ、何カ大変ガアルダロウト心配シテイル。コノ手紙ツキ次第、君ノ手元ノ金何程デモ至急差シ入レタノム。

兄ノ留守中、シッカリ丈夫デタノミマス。

差シ入レ、ソノ他ノ依頼事、何所へ手紙ヲ出シタラ確実ニ届クカ知ラシテ下サイ。台町ニハオラヌラシイガ。君ガ多忙ナラO子ニデモ書カシテ。
一　シャツ冬ノモノ今一枚タノム。（今一枚キリデアル）
二　ズボン差シ入レ屋ニ準備シタラ、取リカエノハガキ下サイ。
三　チリ紙タノム。
四　奥川書房ノ三階ニ、一冊五円ノ本デ売レナクナッタノガ二、三百冊ガアッタハズ、Q君ニ話シテ差シ入レテ下サイ。
五　滋養剤ト読ム物手ニ入ッタラタノム。

（昭和二十年一月十一日）

〈夫人宛て〉

一　オ金ヲスマヌガ三十円ダケ差シ入レタノミマス。
二　親子ナグサメ合ッテ、私ノモノヲ売ルナリシテ暮ラシテ下サイ。

三　身ガラ保証金ノ支度モ、ベンゴ士ニ渡シテオイテ下サイ。
四　N君、F君ニコノ手紙ヲ見セテ、一切ヲタノミナサイ。

（昭和二十年二月十四日）

〈夫人の父上宛て〉

一　空襲ノコトデ、日夜心配シドオシテオリマス。商事モ秀英社モ四海書房モ六芸社モ、全部ナクナッタト思イマス。ドウカ面会ニ来テ下サイ。私ガイナクテハドウニモナリマスマイガ、セメテ「生活」ノ相談デモウケタイト思イマス。
二　毎度デスミマセヌガ、オ金ヲ百円調達シテ両全会へ二十円、私ノトコロへ八十円差シ入レテ下サイ。
三　急ニ衰弱ガ加ワッテマイリマシタ。滋養剤ガ手ニ入リマセンカ。牧口先生ノトコロガ恋シイ様ナ気持チニ襲ワレガチデス。セメテ「差シ入レ弁当」ト、当所ノ滋養剤ヲ購入シタイト思イマス。元気ニナルカ知ラント思ッテドウカ、両全会ト差シ入レ金イソイデ下サイ。
四　オ金ノ不自由ハ、大変困リマス。
五　少シノ人情ニモ涙モロクナリマシタ。
六　週刊朝日、毎日ナリトセメテ入リマセヌカ。

（昭和二十年三月二十三日）

＊終戦の年（この年の七月に拘置所を出た）の手紙である。夫人をはじめ夫人の父上、弟は、毎日差し入れを持って巣鴨の拘置所まで出かけるのだが、空襲のために行きつくことができなかった。

〈夫人の弟宛て〉

一　面会ニ来テ下サイ。オ父サンデモI子デモ。君デモ。生活ノコトノ相談ニ応ジタイ。空襲ノ関係、会社ノ被害モ聞イテ、家庭、生活ヲ考エタイ。

日小ノ金庫ニ、国庫債券ヲ二千円入レテオイタガ被害ガナカッタラ、E君ニ出シテモラッテコレヲ売ッテ、使ッテ下サイ。アルカ無イカ、ワカラヌガ。

二　宅下ゲハ、保護会カラデキナクナリマシタ。是非、面会ニ来テ、ソノ節、宅下ゲモノヲモッテ行ッテ下サイ。先日、判事ニハ私カラモ願ッテオキマシタ。滝沢大助判事殿ニオ願イシテ、ソノ節、綿入レ、セル、足袋ヲ返シテオキマス。単衣三枚入レテ下サイ。

三　1　三銭ノ切手十枚、五銭五枚。2　チリ紙。3　敷布。以上至急タノミマス。

四　時勢ノ一大事ノ為ニ、皆イナイト見エテ、ダレカラモ差シ入レガナイ。君ノ手元ノ金ナリ、マタ、君ガ都合悪カッタラ、手持チノ債券ナリ、「日小」ノ債券ナリヲ売ッテ、コレモ至急差シ入レテ下サイ。三月末、一銭ナシデ困ッテオリマス。イクラデモヨロシイ。

五　滋養剤ヲ是非サガシテクレ給エ。疲労シキッテイル。

六　本　1、「日小」ノ二階ノ義信ノイタ部屋ニ高等数学講義ガアル。ソノウチ、微分、積分学、数学史ノ二冊。2、台町ニ世界大衆文芸集ガアル。三銃士、水滸伝ソノ他。一度読ンダモノデ結構、差シ入レテ下サイ。

（昭和二十年五月二日）

生きて生きて信仰怠りなさるな

心影余滴（昭和二十年七月～昭和二十八年）

昭和十八年七月六日ニ突然、警視庁カラ朝寝込ミヲ襲ワレテ、獄舎へ下ル身トナッタ。
ソノ間ノ記億ヲ歌ニシテ、忘レナイ様ニトシタ記録デアル。

日ごよみ

今日もまたなすなく生きて日ごよみを
　独房の窓に涙して消す

独房になすなく生きて夕ぐれに
　日ごよみ消して母を呼びにき

こんな生活が昭和二十年の春までの生活であった。年の暮れに、

帰りたさに泣きわめきつつ御仏に
　ただをこねつつ年をおくりぬ

と詠んだ心境。

毎日、氷を割って身を洗い、そのつらさに歯をかみしめて、「I子よ、もうすぐ帰るぞ、辛抱せい。今予審が始まっているぞ、帰れるぞ」と心に叫ぶ。

日ごよみを消して楽しむ今の在り
地獄のみかは独房なりしも

と歌いつつ、三畳一間の独房に、秋から二十年春二月までの生活は、体験したもののみの知る心境であろうか。

あけぬれば暮るるを願い明けぬれば
暮るるを願う独房の窓かな

一日の日の永さ、いかにして日を暮らそうかとの苦心。毎日毎日なすなく生きる生活のつらさ。法華経に「無所畏(むしょい)」に生きよと随所に教えられてはおりながら、絶えず時間の永さに畏(おそ)れた生活を今こそ哀れと思います。

永劫の命に染みし我が罪垢
　浄むる今のつらく嬉しき

（昭和二十年七月十一日）

＊七月三日、獄を出た戸田は、芝白金の自宅で「心影余滴・三観房一喜法師」と銘したノートを作った。これは第三ページに書かれたものである。

南無阿弥陀仏の信仰は、阿弥陀仏を以って最高の理想とする。即ち、その行くべき道の極点が示されている。科学についてこれを言うならば、原子爆弾の発明を以って、その極点とするの法である。原子爆弾の発明を究極の理想とし、明日の希望として、今日の夕方に明日を祈念し、楽しみとしての人生である。

南無妙法蓮華経の信仰は、向上を意味する、無限の向上である。朝に今日一日の伸びんことを思い、勇躍して今日一日を楽しむ。しかして無限に向上して行く、究極を見ない。原子爆弾を以って最高とはしない。まだまだ、その上へその上へと向上して行く法である。一は最高を指示され、一は向上の法を指示さる。

（昭和二十年九月二十二日）

＊「心影余滴」より。

自分は妙法蓮華経が、仏陀の命であり、我等衆生の命であると確心している。この確心は、釈尊の自ら、自分に教えられたところであり、日蓮の自ら、我が身にささやかれたところである。自分は少なくとも日本国において、法華経を読める者の一人たるを確信する。人曰く「あなたは、どこにて法華経を知りましたか」と。

自分は答えて曰く「五百塵点劫以前に釈尊に教えを聞き、現世において、しかも、牢獄以来これを思い出しました」と。

しかし、人のよくこれを信ずるものはない。

経に曰く「一切の声門辟支仏の知る能わざるところ」と。また、人のよく至るなしと。人の信ぜざるもまたむべなるかな。

深く過去遠々劫より、この五体のまま経を聞きたりとするも、だれかよく信ぜん。されど我れは、深く了解せり。この五体このままに仏に遇い教えを聞き、今ここに受持すと。

独房にての歌を想い出せるままに。

つかれ果て生きる力も失いて
独房の窓に母を呼びにき

この境地は弱かった。もし父人を知りなばこの歌はなかったであろうか。それともこんなに弱くなってこそ、真の父を知ったのであろうか。
永久の生命を感得する前、仏の姿を見る前の境地であったろうか。

友もなく屋根に花咲く野辺の草
　力強きを誇りてぞある

まだ法華経を知らざる前、Lさんを想って、自分の力を、生命力を、誇ったものだが、妙法を知らざる生命は、その後一年で前記の歌となった。
やはり妙法の命でなくては、強い強い生命に生きられまい。

安らかな強き力の我が命
　友と国とに捧げてぞ見ん

（昭和二十一年三月三日）

＊「心影余滴」より。

〈妹の主人宛て〉

Ｋ雄さん、城聖は（城外改め）三日の夜拘置所を出所しました。思えば、三年以来、恩師牧口先生のお伴をして、法華経に連らなり、独房に修業すること、言語に絶する苦労を経てまいりました。おかげをもちまして、身「法華経を読む」という境涯（きょうがい）を体験し、仏教典の深奥をさぐり遂に仏を見、法を知り、現代科学と日蓮聖者の発見せる法の奥義とが相一致し、日本を救い、東洋を救う一代秘策を体得いたしました。

これは一に私の心境を開発するとともに、戸田一家の幸福を増進するものと確心しております。

このことは、一つには日常の生活に表れ、一つには事業の形成に表れ、目前半年或いは一年間に、この三年間の留守を相当取りかえす決心をいたしております。

留守中にあなた方夫婦が、献身的な親切を私の為にしてくださったその厚意は、拘置所にいる間、私の心境が澄めば澄むほど、胸に写り、感謝に堪えませんでした。日に一度、毎日お礼を申しておりました。この私のお礼は、あなた及びG子（妹）の、法性浄妙の仏性、即ち、「南無妙法蓮華経」に写ったことと確信しております。さりながら、今ここで改めて文字として、私の心を表現して感謝を申し述べることは、実にうれしいことでございます。

ありがとう。

この一言、万感をこめてお礼を申し述べます。

ツネ姉さんは、死んだお母さんの代理として私の家にいてくれます。いままで、姉さんをたいせつにしなかった私の馬鹿が、拘置所でつくづくと後悔せられました。うめあわせに、死んだお母さんの分まで姉さんをたいせつにするつもりです。ともにK雄さん、あなたを弟として遇しなかった私の傲慢（ごうまん）な心を、拘置所でつくづく後悔してまいりました。

しかし、この点をよく反省したおかげで、あなたというりっぱな弟を一人、この四六になって急にできたことをうれしく思います。K雄さん、いままでの私の失礼を許してください。

そして、私にK雄さんとなれなれしく呼ばして弟として私にかわいがられてください。およばずながら、いたらぬ兄として仲よく、あなたと、この急迫した時勢を生き抜きたいと思います。A子（姪）にも、G子にも、会いたい心は一ぱいですが、時機がくれば会えると信じておりますから、その時機を待って、二人をよくかわいがりたいと思っております。

私のこのたびの法華経の難は、法華経の中のつぎのことばで説明します。

在々諸仏土常与師倶生

と申しまして、師匠と弟子とは、代々必ず、法華経の供力によりまして、同じ時に同じに生まれ、ともに法華経の研究をするという、何十億万年前からの規定を実行しただけでございます。

私と牧口常三郎先生とは、この代きりの師匠弟子ではなくて、私の師匠の時には牧口先生が弟子になり、先生が師匠の時には私が弟子になりして、過去も将来も離れない仲なのです。こんなことを言いますと、兄貴は夢のようなことを言っている、法華経にこりかたまっているとー笑に付するでしょう。

しかし、哲学的に電気化学の原理、電子論に原子論に研究を加えれば、加えるほど、生命の永久を確心しなくてはならないのであります。K雄さん、人の一生は、この世きりではありません。また親子、兄弟、夫婦、主従、子弟の因縁ではありません。その中の子弟の因縁の法華経原理を身をもって読むといいまして、自分の身に体験し体現したのが、私の事件です。深遠な教理と、甚深な信仰と熱烈な東洋愛、燃えた私の心境をつかんでまいりました。

（昭和二十年九月）

＊これは一ノ関の妹の主人宛てのものである。下書きのままになっており、投函されたかいなかは不明である。戸田が獄にいるあいだ、一人むすこはこの一ノ関に疎開していた。出獄後すぐ感謝の意をこめて書いたものである。

〈夫人の弟宛て〉

三年間の独房の生活。ついに確心取った。弟子本尊の本当の生活意識をとりもどした。その日のくるまで、御本尊様からお許しはいただけなかった。七月三日午後八時、ついにお許しを得て、七二九日目で台町の家に帰った。

思えばその間、始終、君のことを忘れなかった。僕の為に本当に心配してくれる味方と信じ、帰ったならば手を握り、体をいだいて感謝をしたいと思っておりましたのに、社の為にご出張、相見ることができない。まことに残念だった。

永い留守の間、ありがとう。何から何まで頼って、兄顔してわがままを言い、申しわけない。留守中の私のわがままを許してください。ただただ、留守中のことを感謝しております。非常に弱って帰ったけれども、心は非常に強く、信仰の何たるかをすっかり握り、国家の為に今後の生命をなげださん一大決心の上に、一大事業を心に計画して帰ってまいりました。

法華経の研究を重ねてみると、君と僕との兄弟関係は、世間の普通の考えではこの世で始まったようにしか考えられないが、それは法華経迹門の考え方で、本門の考え方によると、過去遠々劫々から兄弟であったことになります。しかし、それは二つとも考えであって、本当であるかどうかは、ただ考えただけのことになります。うそだと思えばうそだし、本当だと言えば本当だし、その人の信念の問題になることになります。

ところが、私どもの信仰している（本門下種の本尊の信仰）は、理論のものではありません。私の心に、君が過去遠々劫々の昔から私の兄弟であったという、信実性を植えつけずにはおかないのであります。言いかえれば、私の先見的悟性が、君と私の兄弟関係が昔からのものであり、今後も生死を離れて永久のものだと教えるのであります。証明はできませぬ。説明もできませぬ。ただ、それが真なのであります。ちょうど二点間の距離が最短距離であり、二はどこまでも二つである以外には説明も証明もなしに、私どもの悟性がみとめなければならないように、君と僕とが永久の兄弟であるという真実をみとめなければならない、この信仰が下種の本尊の信仰です。

この尊い確心が、私の人性が信仰確心となった時に、私が帰って来られたのであります。私のまる二年間、足かけ三年間の独房生活がつらかったとともに、こんなに一大確心のもとに、君と永久に兄弟たるということを発見した事を思えば、独房の生活は無駄ではなかった。むしろありがたかったと思わざるをえないのであります。

Tちゃん、会いたいね。社用で東京へくることも願うし、また、このたびの転勤を功成り、名をとげて、しかして後、東京へ栄転することを望むし、いずれかの場合と、面会のうれしい日を待望します。

信仰おこたりなさるな。日夜ひまにまかせて題目をとなえ奉ることが、仏の境涯を開発することで、仏の境涯を開発するということは日常生活を最も合理的にし、最も健全にし、最もほがらかに、安心しておのれの職業に献心することで、口では言えるけれども、身に表すことがなかなか困難なことです。これができるということです。そうならなければ本当の信仰ではありません。そうなってください。若い者の生活こそ本当の信仰の生活でなければならない。兄さんも、もりもりと、若人の血に燃えて永久の生命を感得して、強くほがらかに生きています。ために台町の一家もほがらかです。

安心してください。空襲下、感謝の生活を送っております。

（昭和二十年八月）

夫帰して酒のむ朝の静けさに
　人の世の幸を共にたのしむ

（昭和二十八年）

＊波乱に満ちた人生であった。毎日がたたかいの人生であった。そのなかで、ほんのひととき人並みの時間を持つことがある。彼はその時間を、このうえなく貴重なものとして味わった。

戸田城聖・本名、戸田甚一。明治三十三年二月十一日、石川県に生まれる。三歳のとき、北海道石狩郡厚田村に移住。札幌市の㊥合資会社勤務後、夕張郡真谷地小学校教員を経て上京。創価学会の創始者牧口常三郎氏に師事、五年間の教員生活の後、私塾時習学館を開く。昭和五年、創価教育学会をつくって理事長となった。かたわら、日本小学館社長として出版業を営んだ。戦時中、思想統制によって二年間の獄中生活をおくったが、二十年七月出所して創価学会を再建、理事長から宗教法人創価学会会長に就任した。昭和三十三年四月二日、午後六時半、東京駿河台の日大病院で心臓衰弱のため死去、五十八歳。葬儀は四月八日、豊島区雑雑司ヶ谷の常在寺で近親者だけで行ない、四月二十日に都青山葬儀所で学会葬を行なった。著書に『人間革命』『日蓮大聖人御書十大部講義』『推理式指導算術』などがある。

あとがき

本書は、創価学会第二代目会長戸田城聖の十三回忌にあたり、近しい親族により出版された『若き日の手記・獄中記』の改題・新版である。

戦後の荒廃の焼野原に一人立ち、今日の創価学会の礎を築いた戸田城聖が、故郷北海道の青春時代に折にふれ書いた手記と、信仰の真髄を開悟した獄中で、厳しい弾圧と戦い、囹圄（れいご）の身でありながら、民衆救済に心を砕いた書簡などが収められている。大正三年から昭和二十八年までの秘められた手記と書簡である。

これらの手記は、九冊の手帳、数冊のノート、原稿用紙、美濃紙などに、墨字またはペン字で、丹念にしたためられてあった。

親戚、知人の協力により出版が実現したことを、深く感謝する次第である。

すべてが原文のままであるが、原則として、当用漢字、新仮名使いをもちいたが、書簡などはそのままにしたところもある。読者の便宜をはかり、注（＊）を加え、名前は実名を伏せた。判読に苦しむ箇所は、適切な文字を補い、原文は削除した箇所もある。

戸田城聖は、私の伯父である。

手記にも記されているが、戸田城聖は何度か改名している。

城聖という名前は、大人になってから自分で命名したもので、とても気に入り死ぬまで変えなかった。それまでに城外などと名乗ったことはあったが、城の外で生きるなど、傲慢さが嫌味だと言って止めてしまった。

城聖とは、どのような意味と願いがあるのかと私が問うと、伯父は、聖なる城に住み、俗習に囚われず、己が歩みをまっとうするのだ、と説明してくれた。

豪放磊落（ごうほうらいらく）、不撓不屈（ふとうふくつ）を地で行く伯父であったが、細やかな心づかいと情けの深さは、今もって私の心と体に染みついて、息づいている。

偉人、巨人と評される伯父であるが、若き日の出口の見出せない迷いと悩み、内に秘めた情熱を自己制御できないジレンマ、それらがこの手記によってよく読み取れる。

後年花開く「人間革命」の萌芽が、北の大地で身を焦がしながら温められていたのである。

まさに、光明は苦悩の中にあった。


これらの手記や書簡は、人間、戸田城聖を知るのに貴重なものである。

戸田城聖を追慕する人びとにとって、この本は思い出のよすがになるであろう。

また、人生の指針を求める人びとにとって、信仰の覚悟を見出したい人びとにとって、かけがえのない書となるであろう。

２００５年2月　**加清　蘭**　記

信仰への覚悟　人間革命の原形

二〇二一年七月五日　第一刷

著　者　戸田城聖
編　者　加清　蘭
発行者　関根文範
発行所　青娥書房
東京都千代田区神田神保町2—10—27　〒101-0051
tel 03-3264-2023　fax 03-3264-2024
印刷製本　シナノ印刷

ISBN978-4-7906-0383-2　C0023
＊定価はカバーに表示してあります。